JN093935

介護職スキルアップブック

手早く学べてしっかり身につく！

介護の感染対策

くわしく解説！
16感染症の
予防と対策

あおぞら診療所 院長
川越正平 監修

秀和システム

はじめに

介護現場でみなさんが出会う利用者の多くは、さまざまな病気を併せ持っているでしょう。なかでも感染症は複数の意味で重要です。

第一に、介護職の知識や対応が不十分で、他の利用者に感染が拡がってしまうというのは、ゆゆしき事態です。第二に、介護職のみなさんに感染が広がらないことも、みなさんの健康、そして介護現場の安全管理上、とても重要なことです。

一方、周囲のあやふやな知識で感染症を有する利用者が差別を受けたり、サービスを利用できなくなるなどの事態も避けたいところです。たとえば、MRSA を保菌しているだけでは健康上何ら問題はありませんし、HIV 感染を有していたとしても、B 型肝炎ウイルスよりはるかに感染しにくいという事実を知ることによって、介護するみなさんが冷静に確実に、プロとして必要な介護を提供できるようになることを期待します。

全体を通して、他の医学書にも書いてあるような通り一遍の説明はできるだけコンパクトにまとめ、介護現場で介護職に役立つ現場目線の内容をふんだんに盛り込みました。今回のコロナ禍では、感染症の恐ろしさをまざまざと見せつけられることになりましたが、大切なのは「正しく」恐れることです。

職場で「どうしたらいいのかな？」と思ったときに、手の届くところに置いておく一冊として使っていただければ幸いです。

2023 年 7 月
あおぞら診療所
川越　正平

目次

第1章 感染症の基礎知識

1-1 感染症とは 8
1-2 病原体の基礎知識 12
1-3 病原体の基礎知識① ウイルスについて知ろう 14
1-4 病原体の基礎知識② 細菌について知ろう 17
1-5 病原体の基礎知識③ 真菌について知ろう 19
1-6 病原体の基礎知識④ 原虫や寄生虫による感染症を知ろう 21
1-7 感染経路の基礎知識 23
1-8 隔離予防策について 28
1-9 誤解されているMRSA(メチシリン耐性黄色ブドウ球菌)感染症 30

第2章 感染予防の基礎知識

2-1 感染防止の基本的な考え方 34
2-2 スタンダードプリコーションとは 38
2-3 介護職の感染予防 40
2-4 感染症が発生したら 42
2-5 手を洗う 46
2-6 手指の消毒 50
2-7 うがい 52
2-8 手袋の着け方・はずし方 54
2-9 マスクの着け方 58

2-10 消毒の基礎知識 63
2-11 嘔吐物・汚物処理の基本 68

第3章 生活場面別の感染予防

3-1 感染対策委員会を作ろう 74
3-2 環境を整備する 76
3-3 食事（介助）場面での感染予防 82
3-4 口腔ケア 84
3-5 給食（調理室）での感染予防 89
3-6 排泄（介助）場面での感染予防 93
3-7 入浴（介助）場面での感染予防 97
3-8 外出や外部の人との接触 101
3-9 在宅における感染予防 103
3-10 医療処置時の感染予防① 喀痰吸引 106
3-11 医療処置時の感染予防② 経管栄養 108
3-12 医療処置時の感染予防③ 膀胱留置カテーテル 110
3-13 医療処置時の感染予防④ 褥瘡 112
3-14 医療処置時の感染予防⑤ ストーマ 114

第4章 介護現場に多く見られる感染症とその対応

4-1 感染経路による分類 118
4-2 インフルエンザ 120
4-3 新型コロナウイルス感染症 123

4-4 肺炎球菌性感染症 125
4-5 結核 128
4-6 レジオネラ症 131
4-7 疥癬 133
4-8 緑膿菌感染症 137
4-9 足白癬（水虫） 139
4-10 腸管出血性大腸菌感染症（O-157 など） 141
4-11 ノロウイルス 146
4-12 食中毒 152
4-13 A 型肝炎 158
4-14 B 型肝炎 160
4-15 C 型肝炎 164
4-16 後天性免疫不全症候群（AIDS） 167

巻末資料

感染対策チェックリスト 174
保健所・都道府県・市区町村の関係部署への報告様式例 178
行政（保健所など）による感染症発生時の施設指導例 180
感染症発生時における報告の取り扱い 185
感染症法における感染症の性格と主な対応・措置 187
新型コロナウイルス感染症について 190
消毒法について 191
感染症法における感染症の分類 194

索引 202
参考文献 206

第1章

感染症の基礎知識

1-1 感染症とは

感染症は、ウイルス、細菌、真菌などの微生物が体内に入り、繁殖することによって生じる病気の総称です。

感染と感染症

感染とは、微生物が身体の中に侵入して定着、体内で増殖し、何らかの反応を引き起こすことです。感染の結果として発症する、さまざまな病気を**感染症**といいます。また、感染症を引き起こす原因となるウイルス、細菌、真菌などの微生物を、**病原微生物**と呼びます。

発症と抵抗力

感染したからといって、必ずしも感染症になるとは限りません。発症するかどうかは、病原微生物の毒性の強弱と、身体の防御能力（抵抗力）のバランスで決まります。弱い微生物が健康な身体内に入っても、身体から排除されるので感染は成立しませんが、高齢者や療養中の人など身体の抵抗力が低下している場合は、微生物を排除しきれず感染しやすくなります。

感染して保菌者となっても発症しないことや、感染症の病後、菌を保有したまま無症状となる場合があります。ただ、病原体を体内に持っている人は、本人に症状が出なくても感染源となる可能性があります。

おもな症状と要注意のサイン

感染症には、無症状や軽度のものから重度のものまでさまざまな症状があります。また、１つの感染症が原因で複数の臓器に症状が現れることもあります。

嘔吐、下痢、発熱、咳、皮膚の異常が続いたり、血痰がある場合は、早めに医療機関に連絡を取りましょう。

▼感染症のおもな症状

全身	発熱、不明熱、発汗、悪寒、倦怠感、関節痛、筋肉痛
鼻・口・のど	鼻水、鼻づまり、くしゃみ、咳、血痰、咽頭痛、嚥下痛
腹部	腹痛、下痢（水様便）、血便、食欲不振、吐き気、嘔吐
皮膚	発疹、かゆみ

発症後の経過

感染症には、食中毒のように発症後の経過が急で、すぐに症状が現れるもの（急性感染）と、結核のように発症後の経過が年や月単位でゆっくりと進むもの（慢性感染）があります。いずれにしても、ふだんから体調の変化を見逃さないことが大切です。

集団発生

介護施設は、抵抗力が弱い高齢者が集団で生活を行うため、感染が拡がりやすい場です。施設内で同時に、または時間が経つにつれて同じような症状の高齢者が増える場合は、**集団感染**を疑います。

集団感染（**アウトブレイク**）は、一定の期間内に特定の地域やグループで、予想されるより多くの感染症例が発生すること、または特定の疾患が複数確認されることです。集団感染発生時には、感染拡大の防止のため、早期の素早い対応が必要となります。

不安にならない・怖がらない

間違った知識や情報不足で、高齢者や利用者家族の気持ちを傷つけることのないよう、基本となる知識をしっかりと身につけ、適切な対応を心がけましょう。

介護の仕事をするうえで、感染症は避けては通れない問題です。施設を利用されている高齢者はもちろんのこと、**職員自身の健康を守るためにも、他人任せにせず自分の問題として、一つひとつの対策に真摯に取り組むことが大切です。**

さまざまな知識を身につけ、
対策をしっかりと。

感染症の分類

感染症は「感染症の予防及び感染症の患者に対する医療に関する法律」（感染症法）によって、危険度の高い順に分類されています。また、診断した医師は、以下の感染症を最寄りの保健所へ届け出る義務があります（詳細は巻末資料参照）。

▼感染症法におけるおもな感染症の分類

重篤性や感染力に基づいて危険度が高い順に分類されています。
新型コロナウイルス感染症は「新型インフルエンザ等感染症（いわゆる二類相当）」とされていましたが、2023年5月8日から「五類感染症」になりました。

分類	おもな感染症
一類感染症	エボラ出血熱、ペスト、クリミア・コンゴ出血熱、痘瘡、南米出血熱、ラッサ熱、マールブルグ病
二類感染症	結核、ジフテリア、重症急性呼吸器症候群、中東呼吸器症候群、特定鳥インフルエンザ、急性灰白髄炎（ポリオ）
三類感染症	コレラ、腸管出血性大腸菌感染症、細菌性赤痢、腸チフス、パラチフス
四類感染症	肝炎（E型・A型）、ボツリヌス症、狂犬病、マラリア、炭疽、Q熱、黄熱、野兎病など
五類感染症	インフルエンザ、MRSA、ウイルス性肝炎（E型・A型以外）、後天性免疫不全症候群、梅毒、性器クラミジア感染症、麻疹、新型コロナウイルス感染症など
新型インフルエンザ等感染症	新型インフルエンザ、再興型インフルエンザ
指定感染症	一類～三類と新型インフルエンザ等感染症以外の既知の感染症で、一類～三類に準じた対応が必要なもの
新感染症	既知の感染症とは異なるもので、病状が重く危険性が極めて高い感染症

1-2 病原体の基礎知識

ウイルスや細菌など、感染症の病原微生物は種類が多く、その特性や感染経路も多様にあります。

おもな病原微生物

目では見ることのできない小さな生物を**微生物**といいます。健康な人でも、皮膚、口中、鼻の中、のど、胃腸などにさまざまな微生物がいます。微生物の多くは害はなく、私たちの身体と共存しています。しかし、なかには人の身体に害をもたらし、病気を引き起こす微生物がいます。

病原微生物には、**細菌**、**真菌**（カビ・酵母）、**原虫**、**ウイルス**があります。細菌、真菌、原虫は自然界に広く分布して生息していますが、ウイルスは生きた細胞に寄生しないと繁殖することができません。

▼おもな病原微生物

細菌	肺炎球菌、ブドウ球菌、破傷風菌、ボツリヌス菌、大腸菌、緑膿菌、サルモネラ菌、赤痢菌、結核菌、肺炎マイコプラズマなど
原虫	赤痢アメーバ、マラリア原虫、トキソプラズマなど
真菌	白癬菌、カンジダ、アスペルギルスなど
ウイルス	ヘルペスウイルス、インフルエンザウイルス、風疹ウイルス、麻疹ウイルス、肝炎ウイルス、日本脳炎ウイルス、ノロウイルス、ヒト免疫不全ウイルス（HIV）など

ウイルスと細菌

　感染症のおもな原因となるウイルスと細菌は、大きさや増殖の形式、性質などが大きく異なり、まったく別のものです。それぞれの特徴を知っておきましょう。

▼ウイルスと細菌の違い

ウイルス	
大きさ	20～250nm（ナノメートル）くらい。細菌より微小
繁殖方法	自力で繁殖することができないので、人や動物などの細胞の中に入り込み、増殖する。食品中では繁殖しない
治療薬	抗生物質が効かず、抗ウイルス薬は少ない。一部のウイルス（風疹、日本脳炎、インフルエンザなど）は、ワクチン接種で予防できる
不活化	加熱（多くの場合60℃）、紫外線、消毒剤など
細菌	
大きさ	1～5μm（マイクロメートル）
繁殖方法	感染した生物から栄養をもらい、自力で増殖する。栄養・湿度・温度などの条件が整えば増殖できるので、生物以外のものにも取り付く
治療薬	抗生物質が有効。細菌の特性によって、抗生物質（抗菌薬）を使い分けることができる
滅菌	加熱（多くの場合60℃で30分間）

▼ウイルスと細菌の大きさの比較

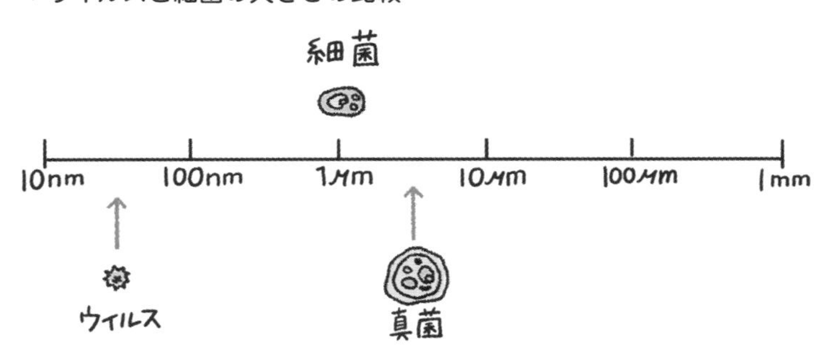

病原体の基礎知識①

1-3 ウイルスについて知ろう

ウイルスは、細菌よりさらに微小な微生物で、生きた細胞の中でのみ繁殖します。

ウイルスとは

ウイルス自体に、栄養を取り込み、成長、繁殖する機能はありません。感染した細胞の力を利用し、自己と同じウイルス粒子を大量に複製し、増殖していきます。ウイルスが感染する細胞は、ウイルスの種類によって異なり、人間、動植物などに感染します。

ウイルス感染症とは

ウイルス感染が原因で、何らかの症状が出現した状態を**ウイルス感染症**といいます。

ウイルス感染しても発症せずに、無症状の場合もあり、症状が出るかどうかは、個々の抵抗力、ウイルスに対する免疫の有無、ウイルスの毒性の強さなどが影響します。

また、体内で、ウイルスが一時的に留まる一過性の感染と、消滅せずに持続し、長時間の潜伏を経て発症する感染があります。

ウイルスの特性

ウイルスには、**特定の臓器の特定の細胞に感染するという特性**があります。ウイルスを臓器別に分類すると、次のようになります。

▼ウイルスの分類

肝炎ウイルス	肝細胞を標的とするウイルスで、A型、B型、C型、D型、E型がある
呼吸器親和性ウイルス	鼻やのど、気管などに感染し増殖するウイルスで、インフルエンザウイルス、SARSウイルス、新型コロナウイルスなどがある
腸管親和性ウイルス	経口から感染し、胃や腸などの消化管で増殖するウイルスで、胃腸炎や下痢の原因となる、ポリオウイルスやノロウイルスがある

ウイルス感染症の治療薬

ウイルスは人の細胞に寄生し増殖するため、治療薬の開発が難しく、用いられる抗ウイルス薬は限られています。また、個々の抗ウイルス薬は、特定のウイルスにのみ有効なので、原因ウイルスの判別が重要となります。

おもな治療薬は、オセルタミビル（インフルエンザ）、アシクロビル（単純ヘルペスウイルス・帯状疱疹ウイルス）、インターフェロン（B型・C型肝炎）などで、ウイルスに作用して増殖を抑えたり、免疫機能を調節したりします。

予防のためのワクチン

現在では、感染の流行を防ぐため、ポリオ（急性灰白髄炎）、麻疹（ましん）（はしか）、風疹（ふうしん）、日本脳炎などのウイルスに対しては、乳幼児の時期にワクチンの予防接種が努力義務となっています。

任意接種のものには、インフルエンザ、子宮頸がんなどがあります。新型インフルエンザ等感染症に位置付けられていた新型コロナウイルス感染症は、予防接種法に基づき、特例臨時接種として任意接種ではあるものの、自己負担なく接種できました。五類に移行した2023年度中は自己負担なく接種することができます。インフルエンザワクチン、新型コロナウイルスワクチンは、感染を防ぐことはできませんが、接種することにより発症を予防し、重症化を防止する効果があるとされています。

病院と施設の感染対策

施設で暮らす高齢者は、治療が必要な病人ではありません。感染症一般に関する基本知識は同じであるものの、施設が高度医療を担う病院と大きく異なるのは、施設が「生活の場」であるということです。利用者の人権に配慮した、より細やかな感染対策が求められていることを、介護職は知っておく必要があります。

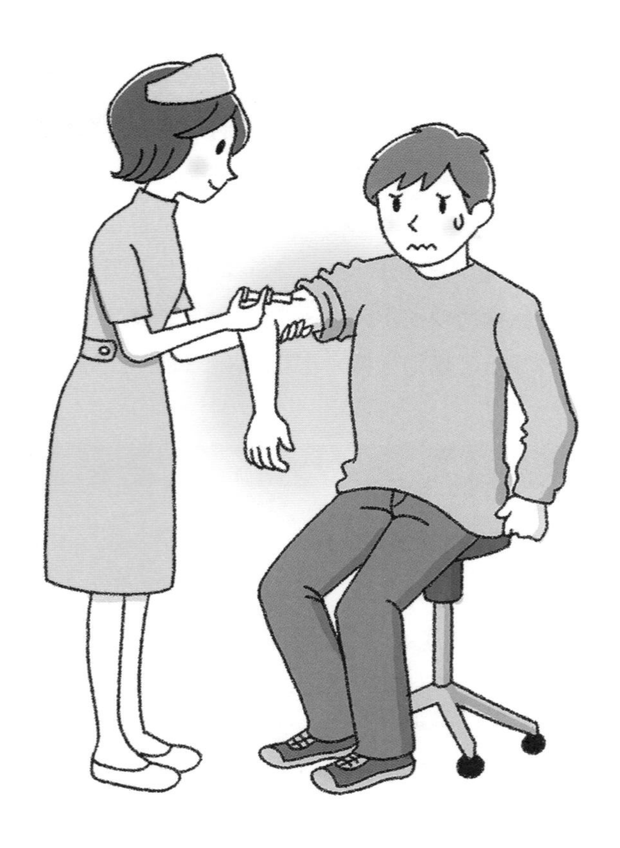

自分が感染源とならないよう、介護職は積極的に予防接種を受けましょう。

1-4 細菌について知ろう

細菌はウイルスと違い、他の細胞を利用せずに増殖する微生物です。

細菌とは

細菌が増殖できる条件は菌の種類ごとに異なりますが、栄養状態、温度、湿度、pH、酸素など環境が整えば、多くの場合30分に1回程度の分裂を繰り返し、増殖します。特に、腸管出血性大腸菌（O-157）やサルモネラ菌は毒性が強く、感染すると短時間で発病します。

病原細菌は、身体内に入った後、臓器・組織に定着して自己増殖し、さらに細胞を攻撃する毒素を産出します。細菌が病原性を発揮すると、身体の防御機能が働きますが、細菌は体内環境の変化に対応して、活動する構造を備えています。

細菌の繁殖の条件

多くの細菌は、高い湿度を好み、適温35～37℃で発育・増殖します。低温や乾燥状態にした場合、代謝は止まりますが、死滅することはありません。冷蔵庫を過信することは危険です。ほとんどの細菌は、60℃で30分加熱すれば死滅します。

常在細菌と日和見感染症

人間の体内には、たくさんの細菌が存在しています。外部と接している皮膚、口や鼻の中、胃腸などに多く、これらの菌を常在細菌といいます。

通常、常在細菌は身体に悪影響を与えることはなく、人間と共生状態にあります。食べ物や分泌液を栄養素として発育したり、ビタミンを合成するほか、免疫系の発達を促したり、病原菌の侵入を防ぐ役割も担っています。

しかし、療養中などで免疫機能が低下し、抵抗力がなくなると、常在細菌による感染症を発症することがあります。これを日和見(ひよりみ)感染症といいます。主な日和見感染症としては、緑膿菌感染症、真菌症、MRSA（多剤耐性ブドウ球菌）感染症、ヘルペスなどがあります。

また、常在細菌が減少すると、外から細菌が入り込みやすくなったり、体内にある少数の病原細菌が優勢になって正常菌叢が乱れ、発病することがあります（菌交代現象）。主な菌交代現象としては、膀胱炎、口腔カンジダ症などがあります。

細菌感染症の治療

細菌性の感染症の治療には、細菌の種類に応じた抗生物質（抗菌薬）が使用されます。一部、抗生物質が効かない細菌もありますが、これは、細菌がその抗生物質に対する耐性を持ってしまったことが原因です。

▼体内のおもな常在細菌

部位	常在細菌
皮膚	アクネ菌、表皮ブドウ球菌、黄色ブドウ球菌
のど	レンサ球菌
鼻	黄色ブドウ球菌
口	口腔レンサ球菌
胃	ヘリコバクター・ピロリ菌
小腸・大腸	乳酸菌、大腸菌

病原体の基礎知識③

1-5 真菌について知ろう

真菌は、カビ、酵母、きのこ類の総称で、土壌や水中など自然界に広範囲で生息しています。

真菌とは

日本酒、味噌、しょうゆ、パンなどの発酵食品は、真菌の発酵能力を利用して作られていますが、一方、真菌は食品を腐らせたり、動植物に病気をもたらしたりもします。人間や動物に感染し、感染症を起こす真菌を**病原真菌**といいます。

真菌が原因となる感染症

真菌感染症は、他の感染症と同様、免疫状態が低下しているときに、感染と発症が起こりやすくなるため、高齢者には注意が必要です。

病原真菌による病気には、次のようなものがあります。

カンジダ症

口の中や、消化管、陰部などに常在している**カンジダ - アルビカンスという真菌が異常繁殖して感染**します。乳児に見られるオムツかぶれも、同じ原因です。

口腔カンジダ症、**食道カンジダ症**、**膣カンジダ症**、**カンジダ菌血症**などがあります。

クリプトコッカス症

鳩や鶏などの腸管に常在している菌で、鳥類の糞や糞に汚染された土壌から感染します。人間から人間の感染はありません。皮膚感染や呼吸器感染、中枢神経感染を起こします。

アスペルギルス症

アスペルギルス属の真菌によって起こる感染症の総称です。アスペルギルスは、胞子として空中を漂っていて、これを吸入することで、感染、発症します。肺アスペルギルス症が多く見られます。

水虫も真菌が原因

水虫、しらくも、たむしなどと呼ばれている皮膚感染症を白癬（はくせん）といいます。白癬は、皮膚の表層にある角質層や毛髪に含まれる、ケラチンという成分を栄養源として繁殖する皮膚糸状菌（白癬菌）が原因で起こります。

発生部位によって、足白癬（水虫）、爪白癬、頭部白癬（しらくも）、体部白癬（たむし）など異なった病名がついています。

白癬の病原真菌は、暖かく湿度の高い環境を好みます。水虫が、寒く乾燥している冬にはあまり見られず、高温多湿になる梅雨から夏にかけて多く発症するのはそのためです。

▼白癬の感染源となるもの

病原体の基礎知識④

1-6 原虫や寄生虫による感染症を知ろう

ウイルス、細菌、真菌のほか、感染症の原因となるものに、原虫や寄生虫があります。

原虫の特性

原虫は、顕微鏡でしか見えないくらい小さな単細胞生物で、１個の個体として増殖、代謝を行って活動しています。原虫には、水や土など自然の中で生息しているものと、人間に寄生するもの、複数の動物に寄生するものがあります。

人間に寄生する原虫は、**胃腸**に寄生するもの（**赤痢アメーバ**）、**血液や組織**に寄生するもの（**マラリア原虫**）、**泌尿生殖器**に寄生するもの（**トリコモナス**）、**皮膚**に寄生するもの（**ヒゼンダニ**）と臓器が限定されます。また、原虫の感染は、食物や水、節足動物（蚊・ダニ）による媒介など、原虫の種類によってさまざまなルートがあります。

原虫が病原体となる感染症

アニサキス症、アメーバ赤痢、アメーバ性角膜炎、マラリア、トキソプラズマ症、シラミ症、疥癬（かいせん）など

動物由来感染症

ペットや家畜として人間の生活に密接に存在している動物が、感染源となることがあります。動物による感染症を、**人獣共通感染症**または**動物由来感染症**といいます。

感染経路と病原体

感染経路としては、動物に咬まれる、引っかかれる、ふれるなど直接的に伝播するものだけでなく、ベクター媒介（動物体内の病原体をダニや蚊が運ぶ）、環境媒介（動物から出た病原体が水や土を通って人間にうつる）、動物性食品媒介（肉や魚、鶏卵など動物性の食品を食べることで感染する）があります。

また、病原体としては、ウイルス、細菌、寄生虫、プリオンなどさまざまなものがあります。

おもな動物由来感染症

狂犬病、日本脳炎、E型肝炎、ペスト、サルモネラ症、重症急性呼吸器症候群（SARS）、エキノコックス症、オウム病、鳥インフルエンザ、ヤコブ病

Column 動物由来感染症に気をつけよう

新しい感染症（新興感染症）の多くは、動物由来感染症といわれています。日本での発症例が少ないからといって安心せずに、以下のようなことに気をつけましょう。

- 動物とふれ合ったら、必ず、しっかり手を洗う
- 動物との密接な（過剰な）ふれ合いを避ける
- ペットの周りはいつも清潔にしておく
- ペットの糞尿は、そのままにせず、すぐに片付ける
- 狂犬病予防接種は必ず受けさせる
- 野生動物には近づかない

1-7 感染経路の基礎知識

病原体が、感染源（病原体を含むものや感染者）から人間へとうつる経路を感染経路といいます。

感染源と感染経路

感染は、病原体が人間に侵入することで起こります。感染源がどこにあるのか、どんなルートで病原体が入ってくるのか、感染経路を理解しましょう。

また、病原微生物を含み、感染源となる可能性が高い以下のものの取り扱いには、十分に気をつけましょう。

- 排泄物（便・尿・吐物など）
- 体液、血液、分泌物（唾・痰・鼻水・膿）
- 使用した器材や器具、リネン、衣服
- 感染源にふれた手指など

経気道感染

空気中の病原体が気道に入り感染することから、飛沫感染、空気感染、エアロゾル感染を「経気道感染」といいます。同じ口から入っても、胃腸に入り発症するものは経口感染として区別します。

▼気道

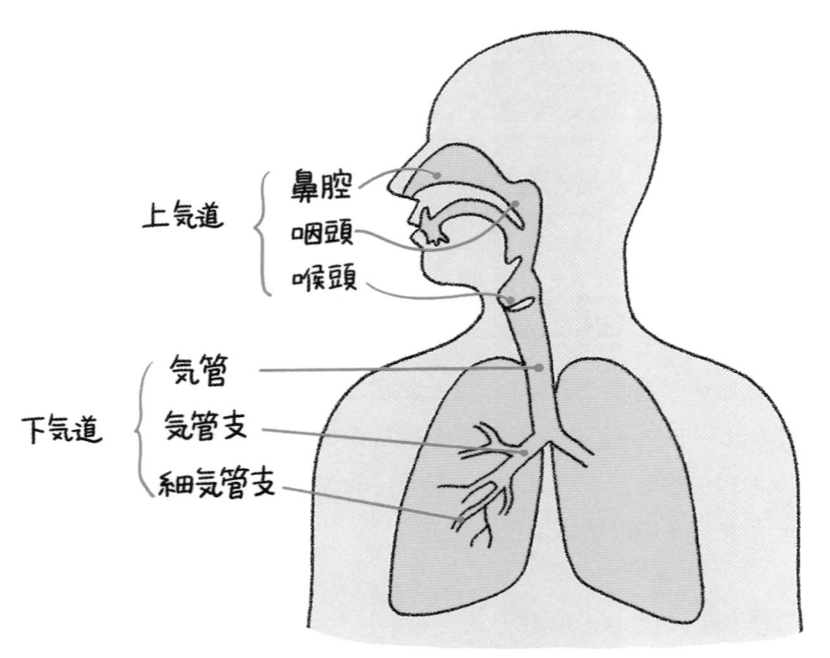

気道とは、口腔、鼻腔、咽頭、喉頭、気管、気管支、細気管支からなる、外から肺までの空気の通り道をいいます。

飛沫感染

感染者や保菌者ののどや気管支、肺などに付着していた病原体が、咳やくしゃみ、会話をしたときにしぶき（飛沫）となって飛び散ります。

飛沫は、空気中に長く浮遊することができず、短距離（数メートル程度）しか進めませんが、近くにいる人の鼻や口などの粘膜にたどり着き、感染します。特に、多くの人が集まる狭い空間や、感染者と近距離で接する場合は伝播するリスクが高まります。

飛沫感染する代表的な感染症には、インフルエンザ、風邪症候群、百日咳（ひゃくにちぜき）などがあります。

エアロゾル感染

飛沫の中でもエアロゾルと呼ばれる微小粒子に含まれるウイルスによる感染です。すぐに乾燥するエアロゾルですが、いわゆる三密（密閉・密集・密接）では、水分と感染力を保った状態で空中を漂い続けることができ、それを口から吸い込むことで感染します。

エアロゾル感染する代表的な感染症として、新型コロナウイルス感染症があります。

空気感染（飛沫核感染）

病原体を含む飛沫の水分が蒸発して乾燥し、微生物だけになったものを飛沫核といいます。飛沫核は乾燥に強く、生存時間が長いので空気の流れに乗って拡散し、空中を浮遊します。それを吸い込むことで感染します。飛沫核は広範囲に拡がるため、遠く離れた人にも感染する可能性があります。

空気感染する代表的な感染症には、結核、麻疹（はしか）、ノロウイルスなどがあります。

▼飛沫感染と空気感染

経口感染

病原体に汚染された水を飲んだり、食物を食べたりすることによって、口から胃や腸など、消化器官に入り感染します。下痢や嘔吐、腹痛を起こす食中毒は、微生物がつくった毒素や細菌など、有害なものを口から摂取してしまうことが原因です。

また、直接の飲食ではなく間接的に、手や指に付着した病原体が、口から入ることもあります。

経口感染する代表的な感染症には、腸管出血性大腸菌感染症（O-157、O-111 など）、ノロウイルス、A 型肝炎、コレラ、赤痢などがあります。

接触感染

接触感染には、感染症にかかっている人や保菌者との直接的な接触と、ドアノブや手すり、リネン、衣服、器具など物を介する間接的な接触があります。間接的接触で感染する感染症はMRSAや疥癬などが代表的です。

そのほか、性行為で精液、膣分泌液を介して感染する性感染症、動物との接触で感染する動物由来感染症もあります。

▼経口感染・接触感染

経皮感染

感染を媒介する節足動物（蚊・ダニ・ノミ）に刺されて発症する日本脳炎やマラリアなど、皮膚の表面（表皮）から感染するものを経皮感染といいます。

また、血液感染に含まれますが、注射器の針刺し事故などで表皮から感染するものもあります。

血液感染

注射針の事故など医療器材による経皮感染のほか、輸血や血液製剤、感染者の傷口に接触するなどが原因で､血液中の病原体が体内に感染するものを、総称して血液感染といいます。代表的な血液感染症として、B 型肝炎、C 型肝炎、エイズ（HIV 感染症）などがあります。

血液を媒介として移動する病原体（ウイルス）をチェックするため、輸血に使用される血液は、スクリーニング検査が行われています。

▼経皮感染・血液感染

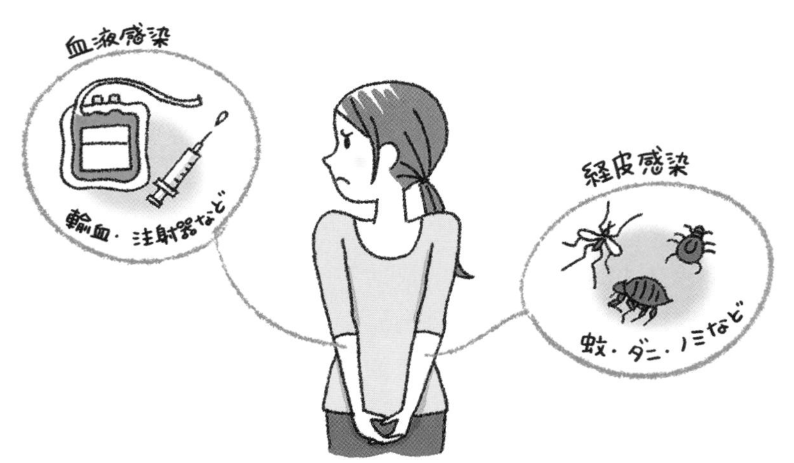

1-8 隔離予防策について

感染症によっては、集団感染（アウトブレイク）を防ぐために隔離予防策が必要な場合があります。

基本的な考え方

感染症が疑われる症状がある場合は、診察を受ける前であっても予防策をとります。個室に移動してもらう、距離をとる、マスクや手袋など防護用品を身につけるなどが有効です。

ただし、あまり神経質になる必要はありません。注意しなければいけない病気とポイントを押さえ、適切な対応を心がけましょう。

隔離の対象となる感染症

医療施設では、米国疾病対策センター（CDC）により発表された、スタンダードプリコーション（標準予防策）と「隔離予防策のためのガイドライン」が国際基準となっています。CDCのガイドラインに基づいた隔離予防策は、次のようなものです。

空気感染（結核）

- 入院による治療が必要。
- 移送するまでの間は、原則として個室に隔離。
- ケア時には、高性能マスク（N95など）を着用する。
- 入室時以外はドアを閉めておく。
- 免疫がない人は接触を避ける。

飛沫感染（インフルエンザ、風疹など）

- 原則として個室隔離。同病者との集団隔離でもよい。
- 隔離できない場合は、ベッドの間隔を 1 ～ 2m 以上あける。

接触感染（MRSA、O-157、疥癬など）

- 原則として個室隔離。同病者との集団隔離でもよい。

「感染症法」では、結核とわかっても即入院にはなりません。疑わしい症状に出合ったときは、自己判断せず、医療職に報告するようにします。

感染経路を考慮した対策を

感染症の拡大を抑えるためには、**感染経路の遮断**が重要です。感染者に個室から出ないようにしてもらう、集団での飲食や作業は行わないなど、感染が拡がらない措置をとりましょう。

新型コロナウイルス感染症の感染経路で注目を集めたエアロゾル感染の感染経路は、いわゆる三密（密閉：換気の悪い閉じられた環境、密集：狭い空間に多くの人が集まる環境、密接：お互いの距離が近く会話をしている環境）ですが、新型コロナウイルス感染症に限らず、**三密を避けることは感染経路を遮断するための基本中の基本**です。

また、隔離を行わなくても、咳やくしゃみが続いている高齢者がいたら、飛沫感染を防ぐために、マスクを着用してもらう、他の人から 1m 以上離れるようにする、また、下痢が続いている人がいたら、感染しないよう排泄物の取り扱いに注意をする、手洗いや手指の消毒を徹底するなど、感染経路別に対策をとりましょう。

疑わしい症状が続くようであれば、必ず、医療機関や保健所に連絡し、指示を受けてください。

1-9 誤解されているMRSA（メチシリン耐性黄色ブドウ球菌）感染症

MRSAは常在菌の1つであり、基本的には無害です。介護現場で誤解されがちなMRSAを正しく理解しましょう。

MRSAとは

黄色（おうしょく）ブドウ球菌は、人の鼻やのど、皮膚、腸内などに常在する細菌です。室内の床やリネンなど、乾燥した環境にも生息している感染力の弱い菌で、基本的に無害です。黄色ブドウ球菌の中で、ペニシリン系薬のメチシリンなど、多くの抗生物質に耐性を示す（薬が効かなくなる）ものをメチシリン耐性黄色ブドウ球菌（MRSA）といいます。MRSAは、抗菌薬の過剰使用で出現した細菌です。この菌による感染症がMRSA感染症です。

MRSAが原因で起こる、おもな感染症として以下のものがあります。

化膿性炎症（とびひなどの皮膚の化膿症）、毒素型の食中毒（腸炎）、肺炎、腹膜炎、敗血症、髄膜炎

MRSAが恐れられる理由

MRSA感染症は、抗生物質に耐性を有するため、ほとんどの抗菌薬が効きません。MRSAを保菌していても健康な人は発症しませんが、高齢者や手術後の人など、抵抗力の落ちている人が感染・発症すると、重篤な症状が現れることがあります。

このように、毒力が弱くて通常の免疫機能を持つ人には感染しないけれど、免疫力、抵抗力の低下した人に発症する感染を日和見感染といいます。

日和見感染は、抵抗力が落ちている人が集団で生活する場（病院など）で、一気に拡がる（院内感染）ことがあり、それがMRSAに対する過剰な恐怖感の理由になっています。

MRSAは恐くない

病院は、大手術後の人や無菌室が必要なほど抵抗力が落ちている人などがいる環境なので、MRSAに対する厳重な管理が必要ですが、自宅や介護施設にはそういう人はあまりいないため、MRSAに対して過度に心配する必要はありません。むしろ、過剰に心配するあまり、保菌者を不必要に隔離したり、介護サービスを拒否したりすることがないよう、介護職が正しい知識を持つことが大切です。

MRSA保菌者への対応と予防

MRSA保菌者、感染者の唾液、痰、膿、ただれた皮膚、便、尿などから感染が拡大する可能性があります。MRSA保菌者はMRSAの感染源となるので、感染を拡大させないよう、栄養と睡眠を十分にとり、ふだんから健康状態を良好に保つことを心がけましょう。医療器具や留置カテーテルなどが原因となることも多いので、環境を清潔に保つようにします。

MRSA保菌者への対応方法

- 流水と石けんによる手洗いを徹底し、血液や体液にふれる可能性があるときは、手袋、マスク、エプロンを着用します。手袋を着用する前後にも必ず手を洗いましょう。
- ベッドや手すり、ドアノブなど手でふれる機会の多い場所は、ふだんから消毒用アルコール、または次亜塩素酸ナトリウムで清拭します。
- 衣服、リネンの取り扱い時にはエプロン、手袋、マスクを着用し、使用済みのものは、他の洗濯物と混ざらないようビニール袋に入れて運びます。血液や体液が付着していない限り、通常の洗濯でかまいません。熱湯に浸し消毒するか、高温でアイロンをかける、または天日に干すとよいでしょう。

- 食器は通常のものを使用します。使い捨て食器を使う必要はありません。
- 体温計・血圧計・ケア用品は本人専用のものとし、使い回してはいけません。やむをえず共有する場合は、使用ごとにアルコール消毒を行います。
- 入浴は最後に入るようにし、皮膚の落屑（らくせつ）がある場合は、拡散を防止するために、こまめに掃除を行い周囲に汚染を拡げないようにします。

使用済みの衣服やリネンは、他の洗濯物と混ざらないようビニール袋に入れて運びましょう。

ベッドや手すり、ドアノブなどふれる機会の多い場所は、消毒用アルコール、または次亜塩素酸ナトリウムで清拭します。

・保菌者：病原体を体内に保有しているが発病せず、感染源となりうるが、その病原体による感染症の症状を呈していない者。キャリアともいう。
・感染者：病原体を体内に保有し、その病原体による感染症の症状を呈している者。

第2章

感染予防の基礎知識

2-1 感染防止の基本的な考え方

感染症は、感染しないこと、感染しても発症させないことが大切です。そのための対策を学びましょう。

感染の成立

感染は、病原体（細菌・ウイルス・真菌など）が身体の中に侵入し増殖することで、その結果、引き起こされる何らかの病気を感染症といいます。

つまり、病原体が存在するだけでは、感染は起こりません。感染が成立するには、次のような3つの条件が必要になります。

- 感染源：病原体が生存、増殖する場所
- 感染経路：病原体が人間に侵入する経路
- 宿主（人間）の感受性：人間の抵抗力

かからない・持ち込まない・拡げない

感染源、感染経路、人間の抵抗力が関連して起こる感染症から身を守るためには、感染が成立する条件を考慮し、次のような対策を行う必要があります。

- 感染源を持ち込まない。
- （感染経路を遮断し）感染を拡げない。
- （抵抗力を向上させ）感染症にかからない。

また、二次感染を防ぐために、施設の外に持ち出さない努力も必要です。

▼感染予防

感染源

- （外部から）持ち込まない
- 増やさない（発病者の早期発見・環境整備）
- 取り除く（病原体の適切な処理・消毒）

感染経路

- 拡げない（手洗い・うがい・防護用品の活用）
- （外部へ）持ち出さない

宿主（人間）の感受性

- 体力をつける
- 健康管理
- 予防接種

▼施設における感染対策

高齢者施設における感染対策の基本は「持ち込まない」「拡げない」「かからない」です。図示すると以下のようになります。

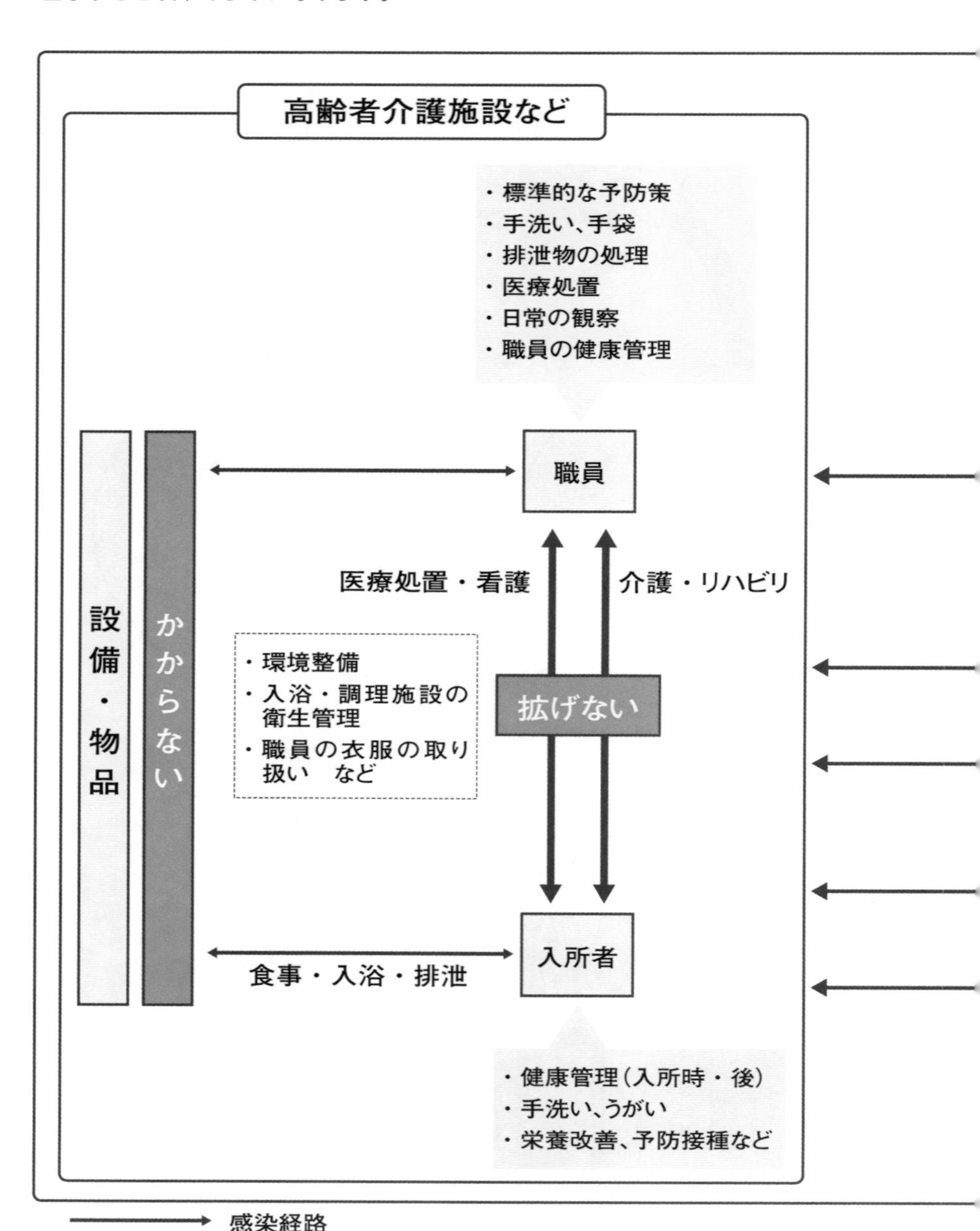

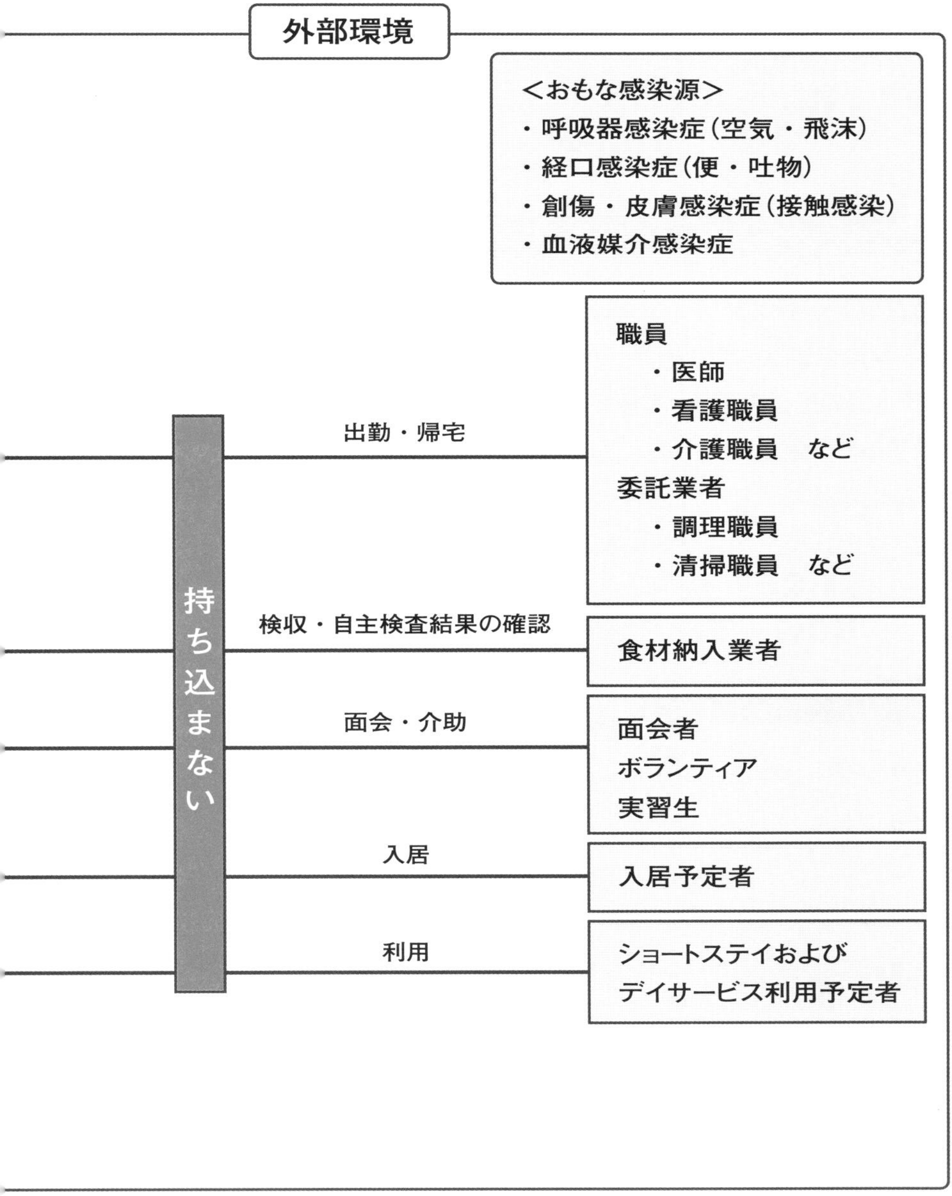

外部環境

<おもな感染源>
・呼吸器感染症（空気・飛沫）
・経口感染症（便・吐物）
・創傷・皮膚感染症（接触感染）
・血液媒介感染症

持ち込まない

出勤・帰宅

職員
・医師
・看護職員
・介護職員　など
委託業者
・調理職員
・清掃職員　など

検収・自主検査結果の確認

食材納入業者

面会・介助

面会者
ボランティア
実習生

入居

入居予定者

利用

ショートステイおよび
デイサービス利用予定者

2-2 スタンダードプリコーションとは

近年、感染症予防の対応として、スタンダードプリコーションが推奨されています。

スタンダードプリコーション＝標準予防策

スタンダードプリコーションは、米国疾病対策センター（CDC）により1996年に発表された、感染一般に対する標準予防策です。

「すべての患者の血液、体液、分泌物、排泄物、傷のある皮膚、粘膜などは、感染する危険性があるものとして取り扱わなければならない」という考え方が基本となっており、湿性（べとべと・ぬるぬる）で感染性のあるすべての物質（血液・便・尿・痰・膿など）は、感染源とみなして対応しなければいけません。

基本方針と内容

スタンダードプリコーションの基本方針は、手洗い、および湿性物質との接触予防です。

具体的には、手洗い、防護用品（手袋・マスク・ガウン・エプロン・ゴーグル）の着用と取り扱い、器具やリネンの洗浄や消毒、環境対策などの標準予防策が挙げられます。

汗と唾液への対応

スタンダードプリコーションの発表当時は、感染媒体とみなす体液から、汗や唾液は除かれていましたが、現在では、湿性生体物質として対応する傾向があります。

手洗いについての考え方

2002年にCDCにより公開された「手指衛生のガイドライン」では、擦式消毒用アルコール製剤の使用が推奨されています。石けんと流水による手洗いが基本ですが、擦式消毒用アルコール製剤の利用も、感染対策には有効です。

▼スタンダードプリコーションにおける指針

●血液・体液・分泌物・排泄物などにふれるとき、傷にふれるとき

➡ **手袋を着用し、手袋をはずした後は手洗いを行う**

●血液・体液・分泌物・排泄物などにふれたとき

➡ **手洗いをし、必ず手指消毒をする**

●血液・体液・分泌物・排泄物などが飛び散り、目、鼻、口を汚染する可能性があるとき

➡ **必要に応じて、マスク・ゴーグル・フェイスマスクの着用**

●血液・体液・分泌物・排泄物などで、衣服が汚れる可能性があるとき

➡ **プラスチックエプロン・ガウンの着用**

●針刺し事故防止

➡ **リキャップの禁止、感染性廃棄物専用容器への廃棄**

2-3 介護職の感染予防

まず、介護職員自身が感染し、媒介者となってしまわないよう、気をつけることが大事です。

感染者・媒介者にならないために

介護施設では、人と密接に接触したり、排泄物を処理したりするなど、感染機会が多くあります。また、感染した職員が病原体の媒介者として、高齢者や他の職員にうつしてしまう可能性もあります。

ふだんから、手洗いやうがいを徹底する、咳が出るときはマスクを着用する、体調が悪いときは休むなど、意識的に注意しましょう。

ワクチン接種を受けよう

ワクチンで予防できる感染症があります。介護職はできるだけ予防接種を受け、感染のリスクを軽減しましょう。

- インフルエンザワクチン
  流行前に、毎年接種するといいでしょう。
- B 型肝炎ワクチン
  働き始める前に接種しましょう。
- 麻疹ワクチン／風疹ワクチン／水痘ワクチン／流行性耳下腺炎ワクチン
  過去にかかったことがなく、予防接種を受けたこともない場合は、働き始める前に接種しましょう。

自己管理が大切

感染していても、感染症を発症するかどうかは、人間の抵抗力次第です。ふだんから以下のことを念頭において、自身の抵抗力を高めておくようにしましょう。

- 規則正しい生活をする。
- 栄養バランスのよい食事をとる。
- 睡眠と休息をとる。
- ストレスをためない。

受診と定期健診

体調不良時は無理をせずに休み、医療機関を受診しましょう。休むと迷惑をかけるからと無理をすることが、他の人に病気をうつしてしまうことになり、結果的にもっと迷惑をかけてしまうこともあります。感染症の場合は、完治するまで出勤してはいけません。介護施設に勤務していることを伝え、医師の指示を受けましょう。

また、定期的に健康診断を受け、健康状態を把握しておくことも大事です。

・規則正しい生活をする。
・栄養バランスのよい食事をとる。
・睡眠と休息をとる。
・ストレスをためない。

2-4 感染症が発生したら

施設内で感染症が疑われる症状が見られた場合は、感染の拡大を防止するため、素早い対応が必要です。

発生時の対応

感染症が疑われる症状、または感染症が発生したら、状況の確認とともに関係機関へ連絡をとりましょう。

①状況の把握と確認
②感染拡大の防止
③医療処置
④連絡と報告（医療機関・行政・利用者家族）
⑤関係機関との連携

状況の把握と確認

症状の確認

高齢者の異変に気づいたら、発熱、嘔吐、下痢、発疹など**症状をよく確認**します。また、当日だけでなく、数日前からの記録や、ふだんの体調とも比較します。

医療機関受診後に感染症が判明した場合は、診断名、検査結果、治療内容、現在の様子もしっかりと把握しておきます。

観察と記録のポイント

病状を把握するために、以下のことを中心に観察し、時間経過がわかるように記録します。

□いつもと違うところはどこか（食欲がない、元気がない、顔色が悪いなど）
□本人の様子
□体温、脈拍、呼吸数、血圧
□嘔吐、下痢の有無（排泄物の状態、回数、量など）
□咳や痰の有無
□皮膚異常の有無
□痛みの有無
□食事内容
□その他の症状

発生状況の確認

いつ（日時）、誰が（人数）、どこで（詳細な場所）、どのように（症状）と発生状況を詳しく把握したうえで、上司に報告、指示を受けます。

高齢者の異変に気づいたら、症状をよく確認して上司に報告します。

該当者以外にも注意

感染拡大予防のため、利用者と職員を含む、関係者全員の健康状態を確認しておきます。抵抗力が落ちていると感染症にかかりやすいので、しばらくの間は注意が必要です。いまは症状がなくても、体調の変化に気をつけて観察を続けます。

感染拡大の防止

嘔吐物や排泄物がある場合は、二次感染を防ぐため、適切に素早く処理してください。手洗いやうがいを徹底し、防護用品（手袋やエプロンなど）も活用しましょう。くれぐれも、対応にあたった人を媒介として、感染が拡大しないようにします。

隔離が必要な場合は個室に移動してもらい、消毒が必要な場合は環境の消毒を行うなど、状況に応じて行動します。判断に迷ったときは自己判断せず、医療機関や保健所に相談しましょう。

連絡と報告

医療機関への連絡

医療処置を行うためには、医療機関への移送が必要です。病気によっては、はっきりとした症状が見られなくても検査が必要な場合がありますので、医師からの指示を受けてください。重篤化を防ぐため、早めに連絡をとりましょう。

行政への連絡

感染症が疑われる場合は、保健所および市区町村などの社会福祉施設等主管部局へ報告を行い、対応について相談してください。報告内容は、感染症が疑われる人数、症状、施設での対応状況などです。178ページの「保健所・都道府県・市区町村の関係部署への報告様式例」を参考にしてください。

報告基準に達していなくても、疑問や不安がある場合は、保健所や医療機関に連絡、相談しましょう。

報告が必要な場合は、以下のとおりです。

- 同一の感染症や食中毒による、またはそれらが疑われる死亡者・重篤患者が1週間以内に2名以上発生した場合
- 同一の感染症や食中毒の患者、またはそれらが疑われる者が10名以上または全利用者の半数以上発生した場合
- 通常の発生動向を上回る感染症等の発生が疑われ、特に施設長が報告を必要と認めた場合

（厚労省通知「社会福祉施設等における感染症等発生時に係る報告について」より）

利用者家族への連絡

家族には、発生状況と容態を説明すると同時に、二次感染予防についての協力をお願いしましょう。

通所サービスの場合は自宅での感染も考えられますし、帰宅した高齢者から家族へ感染してしまうこともあります。同様に、訪問介護の場合は、医療機関への連絡とともに、家族の健康状態や感染経路も確認し、家庭内で感染が拡がらないよう注意を促しましょう。

感染は、施設の職員だけが対策を行っても防げるものではありません。高齢者、利用者家族へも随時説明を行い、協力してもらうことが必要不可欠です。

2-5 手を洗う

感染予防のためには「1 ケア 1 手洗い」が基本です。手洗いの方法を学び、正しく実践しましょう。

なぜ手を洗うのか

手洗いの目的は 2 つあります。

①手指に付着した汚れや病原体から自分自身を守る。
②高齢者へ手指を介して感染させてしまうリスクを低減する。

手や指の皮膚表面は、皮脂や汗、汚れなどが付着しやすく汚れやすい状態にあり、特に介護職員の手は、病原性のある菌にふれる機会が多くあります。ケア・手洗い・ケア・手洗い……のように、**ケアを行った後には必ず手洗いを行うことを習慣にしましょう**。

手洗いは、感染を減らすための最も基本的で重要な対処法なのです。手指が汚染された場合も、すぐに洗浄することで感染を防止できます。

手を洗うとき

手を洗うときには以下のことに注意しましょう。

- 指輪や時計をはずす。
- ふだんから、爪を短く切っておく。
- 長袖は、肘関節上部までまくり上げる。
- 固形石けんを共有しない、使用しない。

- 液体石けんを詰め替えるときは、使いかけのボトルやディスペンサーにつぎ足さない。
- 使い捨てのペーパータオルを使用する。
- 洗った後は手をしっかりと乾燥させる。

手洗いと石けんの種類

手洗いには、石けん＋流水によるものと、消毒薬を使う手指消毒があります。

また、石けんには、抗菌性石けんと非抗菌性石けん（普通石けん）があり、消毒には、速乾性の消毒薬（擦式消毒用アルコール製剤）を手指に擦り込み乾燥させる方法と、ガーゼなどに消毒薬を含ませて手指を清拭する方法があります。目的に合わせて、方法を選択します。

▼手洗いの目的別方法

日常的な手洗い	
目的	汚れと病原体の除去
方法	普通石けん＋流水で手洗いをする
目に見える汚れがある場合	
目的	病原体の除去および殺菌
方法	①抗菌性石けん＋流水で手洗いをする ②普通石けんまたは抗菌性石けん＋流水で手洗い後、擦式消毒用アルコール製剤で手指消毒をする ※アルコールに耐性を持つ病原体（ノロウイルスなど）に接触した場合や、手が血液や排泄物で汚染された場合は、必ず抗菌性石けんと流水による手洗いを行い、汚れを洗い流す
目に見える汚れがない場合	
目的	病原体の除去および殺菌
方法	擦式消毒用アルコール製剤を用いて、手指消毒をする

手洗いの方法

手洗いは 30 ～ 60 秒かけて、ゆっくり丁寧に行います。

まず、指先から前腕までの全体を流水でよくぬらしてから、石けん液を適量手にとります。

▼手洗いの方法

①手のひらをこすり合わせて洗います。

②指を交差させ、手の甲と側面を洗います。

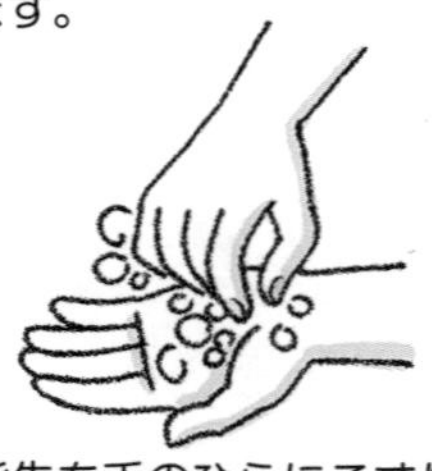

③指先を手のひらにこすり、洗います。

④指の間をよく洗います。

⑤ねじるようにして、親指の付け根を洗います。

⑥手首も洗います。

⑦流水で洗います。

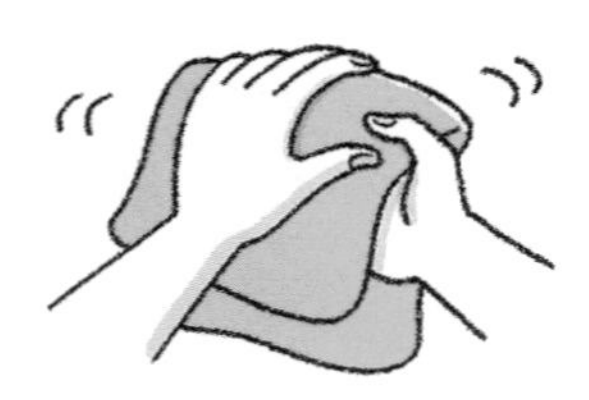

⑧ペーパータオルで水分を拭き取り、しっかり乾燥させます。

洗い残しが発生しやすい部分

気をつけて洗っているつもりでも、ついつい洗い残してしまう部分があります。意識的に気をつけ、全体をしっかりと洗うようにしましょう。

▼洗い残しが発生しやすい部分

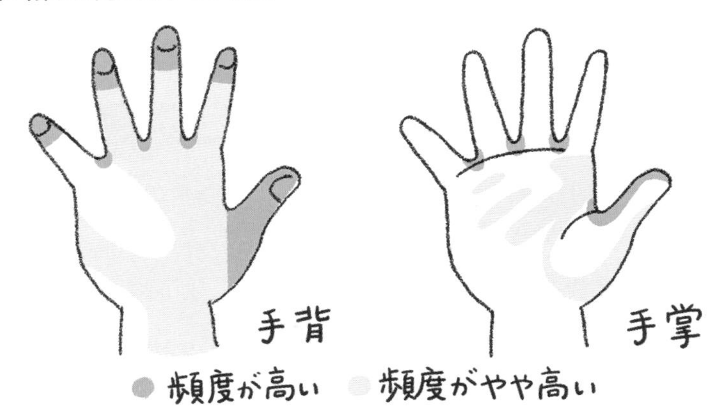

手荒れに気をつけよう

頻繁に手洗いすることで手荒れが起こると、荒れた部分に病原体が定着し、感染源となる危険が増えてしまいます。手荒れ対策にも取り組みましょう。

- 手荒れや傷があるときは、手袋を使用する。
- 擦式消毒用アルコール製剤を活用する。
- 手を洗うときは、温水の使用を避ける。
- 石けん成分が残らないように、流水で十分すすぐ。
- ペーパータオルでごしごしこすらない。軽く叩くようにして水分を取る。
- 勤務後は、保湿効果の高いハンドクリームなどで保湿ケアする。

2-6 手指の消毒

擦式消毒用アルコール製剤は、水を必要とせず、手指に付着した病原体を短時間で減少させることができます。

消毒用アルコールによる消毒

擦式消毒用アルコール製剤は、CDCによる「手指衛生のガイドライン」でも使用が有効とされています。

擦式消毒用アルコール製剤を用いるメリットとして以下のことがあります。

- 付着した菌を短時間で減少させることができる。
- 手洗いの設備が不要。
- 手荒れを防ぐことができる。
- 簡単に使用できる。

実施方法

手洗いと同様に、ふだんから爪を短く切っておく、指輪や時計ははずしておく、長袖を着ている場合はまくり上げておくなど事前の準備を行います。

手が汚れているときは、必ず手洗いをした後、手指を十分乾燥させてから行いましょう。

▼手指アルコール消毒の手順

①擦式消毒用アルコール製剤を手にとります（手のひらいっぱい。3mL程度）。

②手のひらにためて、指先、爪の間にこすりつけてすり込みます。

③手のひらにすり込みます。

④指を交差させて、指の間にすり込みます。

⑤手の側面や手の甲、指の根元にすり込みます。

⑥ねじるように、親指にすり込みます。

⑦手首にすり込みます。

2-7 うがい

うがいも大切な感染予防の手段です。うがいで、のどの粘膜に付着した病原体を洗い流しましょう。

うがいの必要性

飛沫感染では、鼻や口から侵入した病原体（風邪やインフルエンザのウイルスなど）はのどの奥の細胞に定着し、繁殖を始めます。そこで、感染が起こる前にうがいで洗い流し、予防することが大切になります。

また接触感染で手についた病原体も、飲食時や無意識に口や鼻にさわるときに、体内へ移動しています。

手洗いと併せて、うがいもしっかりと行い、感染から身を守りましょう。

うがい薬の種類と効果

うがい薬には、口中とのどの殺菌・消毒用のもの（主成分：ポビドンヨード）と、のどの腫れや痛みを緩和する消炎・鎮痛用のもの（主成分：アズレンスルホン酸ナトリウム）と、大きく分けて 2 種類のタイプがあります。

感染予防には、水道水のうがいで十分な効果がありますので、うがい薬を使用しなくても問題ありません。

うがいを行うとき

日常的に、次のようなときには、うがいを行うようにしましょう。

- 外出先から帰ったとき。

- 食事や飲み物をとる前。
- 咳やくしゃみ、痰のある人と接したとき。
- 自分自身にのどの違和感や咳があるとき。

うがいの方法

水がのどの奥まで届くように、しっかりと上を向いて行います。ゆすぐときは「ガラガラ」「オオオオ」など声を出すようにするといいでしょう。

▼うがいの方法

①水かうがい薬を60cc用意します。

②20cc（1/3程度）を口に含み、口を閉じて口の中をブクブクとゆすぎ、吐き出します。

③20cc（1/3程度）を口に含んで上を向き、のどの奥で15秒ぐらいガラガラとゆすいで吐き出します。

④20cc（1/3程度）を口に含み、②を繰り返します。

2-8 手袋の着け方・はずし方

介護の現場だからといって、常に手袋を着けている必要はありません。なぜ手袋が必要かを理解しましょう。

手袋が必要な場面

手袋は、病原体の侵入を妨げ、自らの身を守るのと同時に、手を介して他人を感染させてしまうリスクを減らします。感染源となることを防ぎ、感染経路を断つためにとても重要です。

手袋の使用が必要なおもな場面は、次のとおりです。

- 血液や体液、排泄物、吐物、傷のある皮膚などにふれるとき。
- 喀痰吸引、経管栄養など、チューブやカテーテルを取り扱うとき。
- 疥癬など、接触感染する病気の感染者と接するとき。
- 排泄介助、オムツ交換など排泄ケア時。
- 自分自身の手指に傷があるとき。

手袋の種類

ラテックス（天然ゴム）、プラスチック、塩化ビニールなどの種類があります。また、内側にパウダーが付着しているもの、付着していないものがあります。**ラテックスは、ゴムの樹に含まれるたんぱく質で、アレルギー反応を起こすことがあります**。似通ったたんぱく質を持つバナナ、アボカド、栗などにアレルギーを有する人は注意してください。

使用するときの注意

手袋は、自分の手のサイズに合ったものを使用します。ぴったりしすぎると、指先が破れるので気をつけましょう。爪が伸びていると破れやすいので、ふだんから気をつけて短くしておきます。

手袋は、手洗いの代わりにはなりません。破れがあることもあるかもしれませんし、ケア中に破損してしまうかもしれません。使用する場合は、次のようなことに注意しましょう。

- 手袋は使い捨てのものを使用し、1回の処置ごとに交換する（連続して使用しない、再利用はしない）。
- 着けた後、破れやピンホールの有無を確認し、疑いがある場合は着用し直す。
- 長時間使用して、手のひらに汗をかいたときは、交換する。
- 手袋着用の前後に、流水での手洗い、または擦式消毒用アルコール製剤での消毒を行う。特に、手袋の内側にパウダーが付いているものの場合は、使用後に必ず手洗いを行い、手指のパウダーを洗い流す。

汚染に注意

手袋をしたまま、物品、ドアノブ、ベッド、椅子など周囲のものにふれてはいけません。目的のもの以外はさわらないのが原則です。ケアや処置の後は、着けたままにせず、速やかに、適切にはずします。

一度取り出した手袋は汚染物です。未使用であっても、袋や箱に戻さないようにしましょう。

配慮も忘れずに

感染症の予防は大切ですが、神経質になりすぎないようにしましょう。介助場面で常に手袋を着けている必要はありません。過剰な対策は高齢者に対して失礼ですし、利用者や家族に不安感、不信感を抱かせてしまう場合もあります。正しい知識を持つことで過剰な対策は必要ないということを理解しましょう。そのうえで、気配りも忘れずに。

過剰な感染対策は生活の場では不似合いです。不必要に利用者を不愉快にさせることがないようにしましょう。

手袋のはずし方

手袋をはずすときは、着用時の外側部分が内側にくるようにします。また、必要最低限の部分のみをさわるようにします。

▼手袋のはずし方

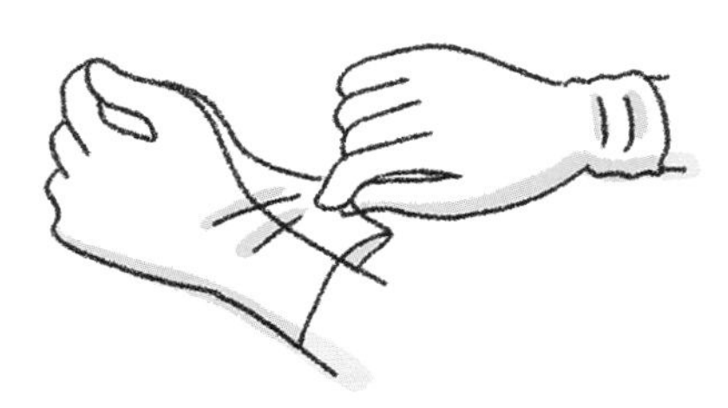

①片方の手首部分をつまみます。

②つまんだまま指先方向に引き、中表（手の外側部分が中になるように裏返す）にしてはずします。

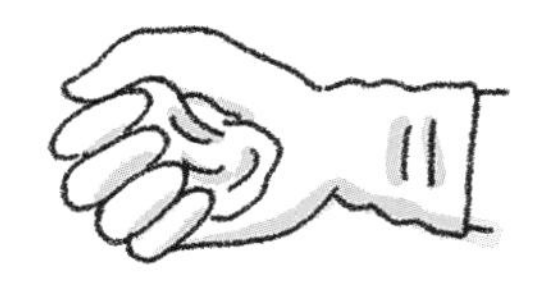

③はずした手袋は、そのまま小さくまとめて、片手で持っておきます。

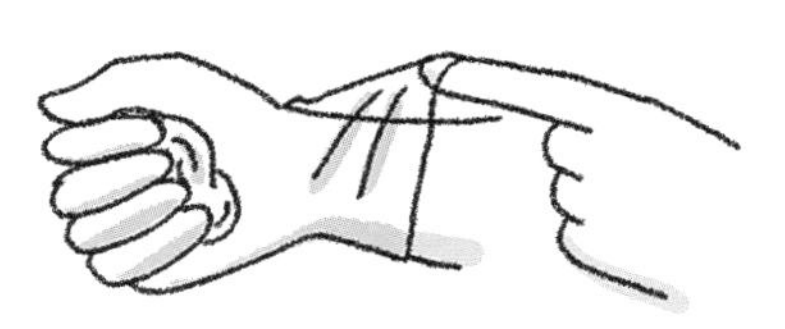

④もう片方の手袋の端から、中に指を入れます。

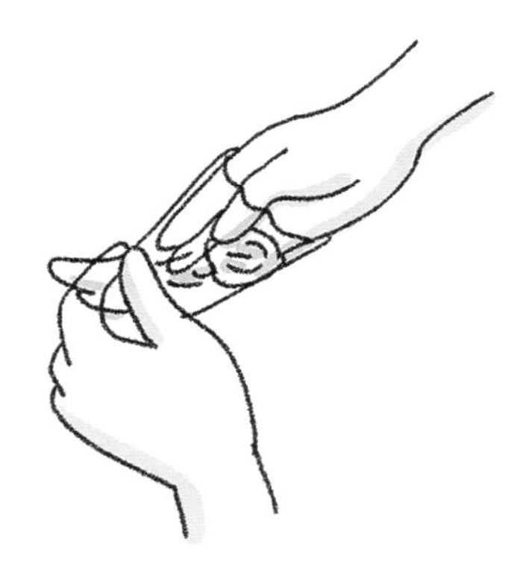

⑤同様にして指先方向に引き、中表にしてはずします。

※手袋をはずした後は、必ず手洗いをしましょう（48ページ参照）。

2-9 マスクの着け方

病原体が鼻や口から侵入するのを防ぐためには、マスクの使用が有効です。マスクの正しい着用法をマスターしましょう。

マスクの必要性

マスクには、口や鼻から侵入し、粘膜に付着して繁殖する細菌やウイルスをブロックする効果があるので、感染から自身を守るための対策としてマスクを着用することは効果があります。また、自分自身が感染していた場合、マスクを着けることで、感染を拡げてしまうことを予防できます。

手袋と同様に、自分の身体を守り、感染拡大を防ぐために、必要時にはマスクを着用しましょう。

マスクの着用

マスクの着用が推奨されるのは、次のような場面です。咳が激しい場合や飛沫・空気感染予防のために必要な場合は、利用者にも着けてもらいましょう。

- 咳や痰の多い人に接するとき。
- 喀痰吸引など、飛沫感染の可能性があるとき。
- 血液や体液、排泄物、嘔吐物などが飛び散って、鼻や口を汚染しそうなとき。
- 自分自身に咳やくしゃみの症状があるとき。

気をつけよう

マスクを着用するときは、次のようなことに気をつけましょう。

- マスクは、使い捨てのものを使用し、同じマスクを繰り返し使ってはいけません。
- 長時間着けたままにしない。特に、マスクが湿った感じになったら交換しましょう。
- 着用しているマスクには、病原体が付着しています。表面をさわったときには手を洗いましょう。
- 使用済みのマスクは汚染されています。適切に廃棄します。
- マスクを過信せず、使用後はうがいを行います。また、使用前後には、手指の消毒を行いましょう。

マスクの使用前後には手を洗い、消毒しましょう。
マスクの表面には手をふれないようにしましょう。

思いやりも忘れずに

マスクで口と鼻をおおってしまうと、こちらの表情が相手に伝わりにくくなります。また、声がくぐもってしまい、話も聞き取りにくくなります。

高齢者が不安にならないよう、アイコンタクトを行う、声のトーンに気をつける、はっきりゆっくりと話す、動作に気をつけるなどの配慮が必要です。

スタッフ間でも意思の疎通がきちんととれるよう、コミュニケーションに配慮しましょう。

マスクの着け方

マスクを着けるときは、必ず、上部分（ノーズワイヤー）を鼻に合わせて密着させます。自分に合ったサイズのマスクを選び、口と鼻をしっかりおおうようにしましょう。

▼マスクの正しい着け方

①ノーズワイヤーが上になるように、ゴム部分を左右の耳にかけ、顎までおおうように、プリーツ部分を伸ばします。

②隙間がないように位置を整え、ノーズワイヤーを押さえて鼻の形に合わせます。

③口と鼻をしっかりとおおうように調節します。

マスクのはずし方

ゴムの部分を持ってはずし、そのまま捨てます。マスクの外側、内側の真ん中部分を持ってはいけません。表面は汚染されていることを忘れずに。

▼マスクの正しいはずし方

①耳にかかっているゴムの部分を持ってはずします。
②マスクの他の部分にさわらないよう注意しながら、捨てます。

咳エチケットを忘れずに

咳やくしゃみをするときは、周囲への配慮を心がけましょう。感染症ではなく、アレルギーが原因である場合もマスクを装着することはエチケットです。また、利用者の家族や委託業者など、来訪者にも徹底してもらうことが大切です。

- 咳、くしゃみの症状があるときは、マスクを着けましょう。
- 咳、くしゃみをするときは、口と鼻を（手、タオルなどで）おおいます。手や腕でおおった場合は、必ず手洗いを行いましょう。
- 咳、くしゃみをするときは、周囲から離れ、周りの人にかからないようにしましょう。

エプロンの着用

血液や体液、排泄物、嘔吐物などに身体がふれたり、洋服が汚染されたりする可能性があるときは、皮膚を守り、衣服の汚染を防ぐためにエプロン（撥水(はっすい)性または防水性のもの）を使用します。

使い捨てのものが望まれますが、再利用する場合は、汚染が拡がらないよう、不潔（汚染）面を中にして持ち運びます。

- 使い捨てのビニールエプロンも有効。
- 介護用と他の用途（調理用など）のものを一緒にしてはいけません。
- ケア後は、速やかに取りはずし、表面（不潔面）を中にしてたたみます。
- 汚染がひどい場合や感染の可能性がある場合は、ビニール袋に入れ密閉し、他のものと分けて消毒、洗濯します。
- エプロンを介しての感染を避けるため、1 ケアに対して 1 枚用意しましょう。
- 1 人の利用者に対して複数のケアを行う場合は、1 人に対して 1 枚用意します。

2-10 消毒の基礎知識

病原体を排除し、感染経路を遮断するためには、洗浄や消毒を適切に行わなければなりません。

洗浄・消毒・滅菌・除菌

感染対策として、洗浄、消毒、滅菌、除菌があります。それぞれ、実施方法や病原体への作用レベルが異なります。医療器材の目的別では、次のように分類しています。

- 洗浄⇒健常な皮膚と接触するが、粘膜とは接触しないもの（無菌性を必要としない）。
- 消毒⇒粘膜または健常でない皮膚に接触するもの。
- 滅菌⇒無菌の組織や血管に挿入するもの。

生活環境やケアに使用する器材などが感染源とならないよう、日常的に洗浄や消毒を行います。病原体を排除し、感染拡大を防ぐことが大切です。

洗浄

最も基本的で大切な作業です。対象物から、あらゆる異物（体液、汚物、ほこりなど）を取り除きます。洗浄が不十分だと、次のステップで消毒や滅菌を行っても十分な効果が得られません。

器材を洗浄剤に浸す、人の手で汚れを除去する、機械で洗浄する方法などがありますが、機械による洗浄が最も安全で効率的です。

消毒

消毒は、滅菌のようにすべての微生物を殺滅させるのでなく、病原体を殺滅することです。熱や紫外線による物理的消毒法と、消毒薬による化学的消毒法があり、微生物の感染性をなくしたり、微生物自体の数を減らしたりします。

滅菌

すべての微生物を殺滅し、無菌（あらゆる微生物が存在しない）状態にすることです。高圧蒸気滅菌、乾熱滅菌などの方法があります。滅菌物は、無菌性を維持するため、取り扱いに十分な注意が必要です。

消毒法について

感染対策として、最も重要となる消毒の方法や消毒薬について理解を深めましょう。消毒には、熱による方法と消毒薬による方法があります。消毒薬は、毒性があり生体や環境へ与える影響が大きいので、熱利用ができない場合に行います。

熱による消毒の例

・ウォッシャーディスインフェクター：80℃で10分間程度
・食器洗浄器：80℃で10分間
・熱水洗濯機：70～80℃で10分間
・煮沸：100℃で15分間以上

おもな消毒薬

消毒薬には、用途に応じた、たくさんの種類があり、取り扱いには注意が必要です。消毒薬は有効な微生物が決まっています。効果が期待できない消毒薬を使用しても、意味がありません。それぞれの消毒薬の特性を知っておきましょう。

消毒用エタノール(アルコール類)

- 一般細菌、結核菌、真菌、ウイルスに対して有効です。
- ノロウイルスにはほとんど効果がありません。
- 人体への毒性は低く、短時間で殺菌効果が期待できるため、皮膚消毒や医療器具の洗浄に広く使用されています。
- 刺激性があるので、粘膜や傷口には使用してはいけません。
- 引火性があるので、火気に注意しましょう。
- アルコール濃度が高い無水エタノールは消毒力も強いように思われがちですが、瞬時に蒸発してしまうため、消毒には向いていません。 消毒用エタノールは、無水エタノールよりアルコール濃度が低い分その場に留まってアルコールの効果を発揮するので「消毒」に向いています。

次亜塩素酸ナトリウム(ハロゲン化合物)

- ほとんどの微生物に効力を示し、衣服、室内、プラスチック、ガラス製品などに使われることが多い消毒薬です。漂白作用があるので、色・柄ものは色落ちします。人体、金属、ステンレスには使用しません。
- 有毒な塩素ガスが発生するため、酸性洗浄剤と併用してはいけません。
- 殺菌、脱臭作用があります。
- 原液の取り扱いはプラスチック手袋などを使用し、素手で扱ってはいけません。

ポビドンヨード(ハロゲン化合物)

- 持続効果が他の消毒薬と比較して高いため、手術前の皮膚消毒などで使用されることが多い消毒薬です。手指や皮膚、粘膜の消毒に用いられます。
- 金属腐食作用が非常に強いので、ステンレス製品などに使ってはいけません。
- 甲状腺機能に異常がある人への使用は要注意であり、ヨウ素に対して過敏症の既往がある人に使ってはいけません。
- ヨード製剤としては、他に、ヨードチンキ、ヨードグリセリンなどがあります。

塩化ベンゼトニウム・塩化ベンザルコニウム

- 陽イオン界面活性剤で、逆性石けんとも呼ばれます。
- 洗浄作用は弱いが殺菌作用が強いので、消毒薬として用いられます。一般細菌、真菌に有効です。
- 無色ないし淡黄色澄明な液で、わずかに特異臭があり、振ると泡立ちます。通常、水で希釈して用います。
- 普通石けんと併用してはいけません。

グルコン酸クロルヘキシジン（クロルヘキシジン）

- 一般細菌と一部の真菌に有効。ウイルスには無効です。
- 皮膚に対する刺激が少なく、臭気がほとんどない消毒薬です。
- 皮膚に残留して持続的な抗菌作用を発揮するので、手指、皮膚、手術部位の消毒などに用いられます。

グルタラール（アルデヒド類）

- 一般細菌からHIVを含むウイルスまで幅広く有効な消毒薬で、強い殺菌作用があります。
- おもに医療分野で使用されます。人体には使ってはいけません。使用時には必ずマスク、ゴーグル、手袋などを着用します。

▼**消毒薬の効果**

消毒薬	細菌	結核菌	真菌	ウイルス
消毒用エタノール	◎	◎	◎	◎※
次亜塩素酸ナトリウム	◎	○	○	◎
ポビドンヨード	◎	○	◎	◎
塩化ベンゼトニウム	◎	×	○	×
グルコン酸クロルヘキシジン	◎	×	○	×
グルタラール	◎	◎	◎	◎

◎：有効　○：効果弱　×：無効（使用不可）
※ノロウイルスには効果はあまりありません。

▼消毒薬の使用上の注意

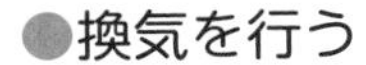

●火気に気をつける

●使用時には手袋、マスクを着用

●違う種類の消毒薬を混ぜない、同時に使用しない

その他、次のことにも注意してください。

- 調整、希釈は使用時ごとに行う。
- 汚染を防ぐため、つぎ足さない。
- 定期的に容器を消毒する。
- 消毒薬自体を汚染場所に置かない。
- 粘膜、創傷部への消毒薬の使用の際は、希釈に精製水を使う。

2-11 嘔吐物・汚物処理の基本

嘔吐物、汚物には、多くの病原体が含まれています。感染を拡げてしまわないよう、気をつけて処理しましょう。

二次感染に注意しよう

排泄物や嘔吐物は、感染源になるため、素早く確実に処理することが大切です。乾燥すると、病原体が空気中に漂い、空気感染を起こす可能性もあります。

後でやればいいと放置してはいけません。気づいたらすぐに行動しましょう。

準備をしてから行おう

汚物（嘔吐物）を処理する際には、必ず使い捨て手袋やマスクなど防護用品を着用します。特に、下痢症状が強い場合や嘔吐物がある場合は感染症を疑い、素手で行わないようにしましょう。

また、汚物（嘔吐物）をさわった手袋で周囲のものにふれたりしてはいけません。感染の機会を増やしてしまうからです。事前にしっかりと必要物品を準備して、作業の途中で物品を取りに走ることのないよう、効率よく行います。使用済みのタオルや、手袋やエプロンなどを廃棄するための袋なども必要です。ふだんから必要物品を想定し、用意しておくとよいでしょう。

嘔吐物の処理方法

感染が拡がる可能性があるので、近くに人がいたら、離れてもらってください。また、換気を十分に行ってください。

▼嘔吐物の処理方法

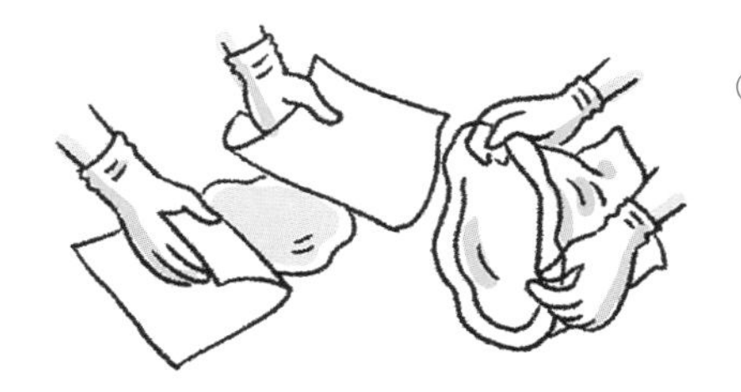

①手袋、マスク（必要に応じて、エプロン）を着用し、ペーパータオルや新聞紙などで素早く拭き取ります。飛び散りを防ぐため、ペーパータオルなどは濡らして、そっと拭き取るようにします。

②拭き取った嘔吐物、ペーパータオルや新聞紙はビニール袋に入れて密閉します。ビニール袋には、あらかじめ消毒薬を適量入れておきます。

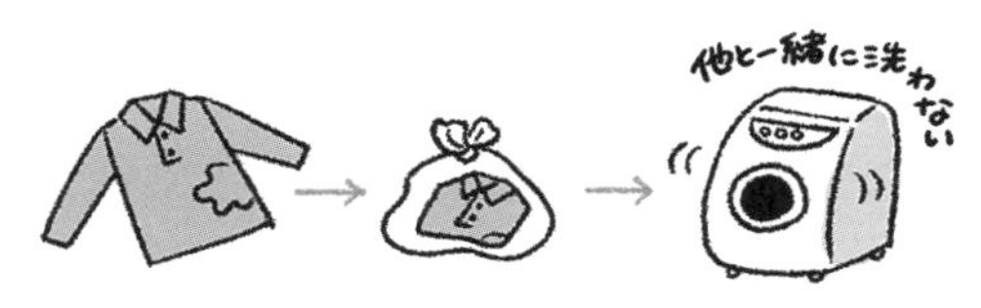

③汚染された衣類はビニール袋に入れ密閉し、消毒した後で、他の洗濯物とは別に洗濯します。さらに、高温乾燥機にかけます。

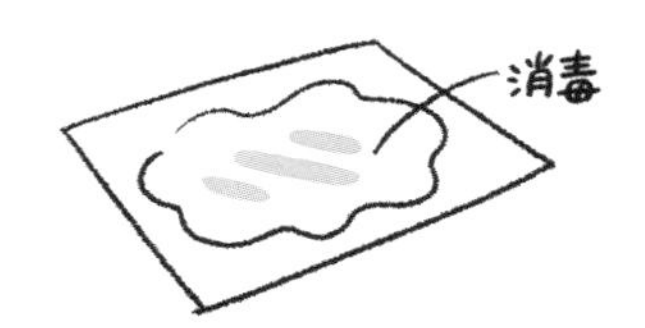

④汚染場所、またその周囲を広範囲に消毒します。ノロウイルスが疑われる場合は、アルコール消毒は効果がないので、次亜塩素酸ナトリウムで行います。消毒液で浸すようにしっかりと拭きましょう。

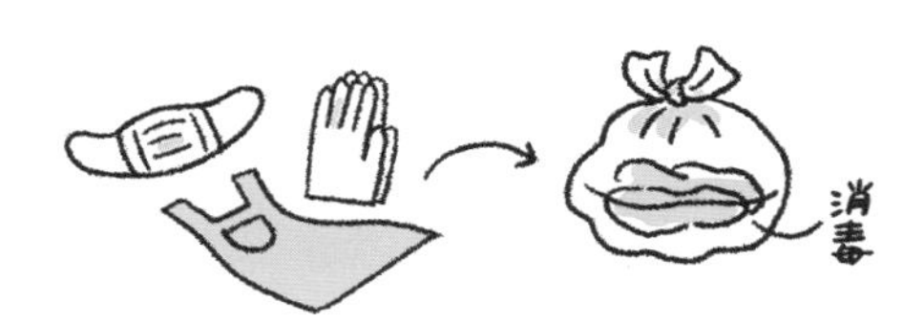

⑤使用した手袋やマスク、エプロンなどは、嘔吐物を拭き取ったペーパータオルと同様に処理します。

⑥処理後は、流水による手洗いと手指消毒をしっかりと行います。

汚物の処理方法

嘔吐物の処理方法と基本的には同じです。汚物には多くの病原体が含まれていることを前提に、取り扱いには十分気をつけてください。

①手袋、マスク、エプロンを着用します。
②汚物は、ペーパータオルなどで拭き取り、ビニール袋に入れて密閉します。
③床や壁、ベッド、トイレなどの環境は、次亜塩素酸ナトリウムで消毒を行います。ドアノブやハンドル、便座、スイッチなど広範囲に拭くようにしましょう。アルコール消毒は、ノロウイルスには効果がありません。
④汚染されたリネンは、ビニール袋に入れて密閉し、他のものと区別しておきます。
⑤使用した手袋やマスク、エプロンは汚物と同様に処理します。
⑥処理後は、流水による手洗いと手指消毒を行います。

汚物処理で気をつける点

汚物処理を行った手袋で、新しいオムツや衣服、周囲にふれてはいけません。汚染が拡大してしまいます。

まず、使用した手袋をはずしてビニール袋に入れ、手指消毒を行ってください。その後で、新しいオムツを装着したり、衣服を整えます。また、処理済みのオムツや汚物を拭いた紙などは、ベッドやワゴン、床などに置かず、ビニール袋に入れます。

汚染されたリネンの洗濯

汚染されたリネン類を洗濯、消毒する場合は、感染を拡げてしまわないように配慮します。汚染されたものは専用のビニール袋に入れて密封しておきます。

清潔なものと汚染されたものが、絶対にふれないようにしてください。

業者に委託する場合も、他のものと分けておき、指示をしてください。

①使い捨ての手袋、マスク、エプロンを着用し、十分に換気をしながら行います。
②汚物を落とした後、次亜塩素酸ナトリウムに 30 分浸すか、80℃以上の熱湯に 10 分浸し消毒します。
③他のものと分けて、洗濯します。

▼汚染を拡げないための行動

あらかじめ、作業に必要な物品をすべて用意してから、作業にとりかかります。

嘔吐物を処理するときには換気に配慮し、
近くに人がいたら離れてもらいます。

汚染されたものは専用の容器やビニール袋などに入れて密閉します。
処理後は、まず手袋など身につけていたものをはずし、ビニール袋に入れた後、
手指消毒を行います。着替えはその後で行います。

医療における清潔と不潔

一般的な「清潔」「不潔」という概念と、医療における「清潔」「不潔」の定義は違います。医療との連携をスムーズに行うために、理解しておきましょう。

医療における「清潔」とは、単に汚れが付いていないという意味ではなく、「無菌状態」であることを指します。そして、完全無菌でない状態を「不潔」と呼び、厳格に区別します。

たとえば、滅菌（すべての微生物を死滅させること）されたガーゼは「清潔」ですが、滅菌・消毒していない手でふれたら、そのガーゼは汚染されたと考え、「不潔」になります。

また、「膝から下は不潔」というのが医療分野での共通認識です。ベッドのストッパーや車椅子のフットレストなどは、足で操作します。手でふれた場合は、必ず手洗いを行いましょう。

介護現場で滅菌処理したものを扱うことは少ないですし、医療機関とは違い生活の場ですので、厳密な区別はそぐわないこともあります。

ただ、病原体を排除し、感染を拡げないためには「清潔」と「不潔」の状態をよく理解しておくことが必要です。

第3章

生活場面別の感染予防

3-1 感染対策委員会を作ろう

感染対策を組織的に行っていくためには、施設内に感染対策委員会を設置する方法が効果的です。

感染対策委員会とメンバー

感染対策を行うために、**感染対策委員会**を設置し、体制を整えましょう。委員会は、日常的な予防と発生時の対策について検討し、活動を行います。

感染はいつどこで起こるかわかりません。いろいろな視点を持ち寄り、対策を話し合いましょう。感染症が発生した場合も、役割分担を明確にしておけば、スムーズに行動できます。対策委員会は、幅広く、職種が異なるメンバーで構成されることが望まれます。

構成例

施設長、副施設長、事務長・事務員、医師、看護師、管理栄養士、調理員、介護職員

マニュアル作り

委員会は、感染予防や発生時に指針となるマニュアルの作成を行います。

マニュアル作りのポイント

- 施設の特性に合わせた対策マニュアルを作る。
- 現実に、実践できる内容にする。
- 日常的に行う予防策と、発生時の対策を両方記載する。
- 感染対策委員会の役割を明確にする。
- メンバーの役割分担を明確にする。
- 実施状況をふまえ、定期的に内容を確認し、見直す。
- マニュアルは、スタッフ全員が読む。
- 必要時に参照できるよう、手に取りやすい場所に置く。
- 改訂を行った場合は、スタッフ全員に報告する。

研修と情報共有

感染予防に関する研修を実施し、スタッフの感染症対策への知識と理解を深めます。新人研修はもちろん、職員に対する研修を定期的に（年 2 回以上）実施します。

実習を組み込んだり、外部の研修や勉強会にも出席したりして内容をレベルアップしていきます。研修後は、他の職員に学んできたことを伝え、情報を共有します。

健康状態を把握しよう

新入所者、職員の健康状態を確認しておくことが必要です。健康状態確認の指針を定め、感染症の既往の把握、定期的な健康状態チェック、健康診断の実施などを行いましょう。

3-2 環境を整備する

汚染された環境では、感染を防ぐことはできません。整理整頓の行き届いた、清潔な状態を心がけましょう。

基本的な環境整備

通常時は、1日1回、湿式清掃をして乾燥させることが基本です。使用した掃除用品（雑巾、モップなど）は、使用ごとに洗浄、乾燥させます。換気や採光にも気をつけ、心地よく衛生的な環境を作りましょう。

基本的な掃除方法および注意は以下のとおりです。

- 水で湿らせたモップや雑巾で拭き掃除を行う。拭き掃除後、乾燥した布で水分を拭き取る。
- 掃除用具は、使用場所ごとに用意する。
- 高いところから低いところへ、また部屋の奥から出口に向かって掃除する。
- 目に見える汚れは必ず拭き取る。
- 使用したモップは、洗剤で洗った後、十分にすすぎ、乾燥させる。
- 消毒薬の散布や噴霧を頻発しない。
- 掃除後は、手洗い、手指消毒を行う。

環境整備は整理整頓から

物の置き場所が定まっていなかったり、散らかっているようでは、効率的に作業が行えないだけでなく、消毒や掃除が行き届かなくなりがちです。掃除が行われず、ほこりがたまる場所はカビが発生しやすく、不衛生です。ふだんから整理整頓を心がけましょう。

ゾーニング（清潔区域と汚染区域）が大切

環境を整備する際、施設の中を清潔区域と汚染区域に分けて考え、区分けすることで、効率的で衛生的な管理を行うことができます（ゾーニング）。

それぞれの区域内のものは、区域外に持ち出さない、持ち込まないことが大前提です。

清潔区域：調理室、給湯室、リネン室など。
汚染区域：トイレ、汚物処理室、洗面所、手洗い所、脱衣所、浴室、洗濯室、ゴミ置き場など。
混在区域：食堂、廊下、デイルームなど。

▼清潔、汚染、混在区域の色分けをした施設の間取り図

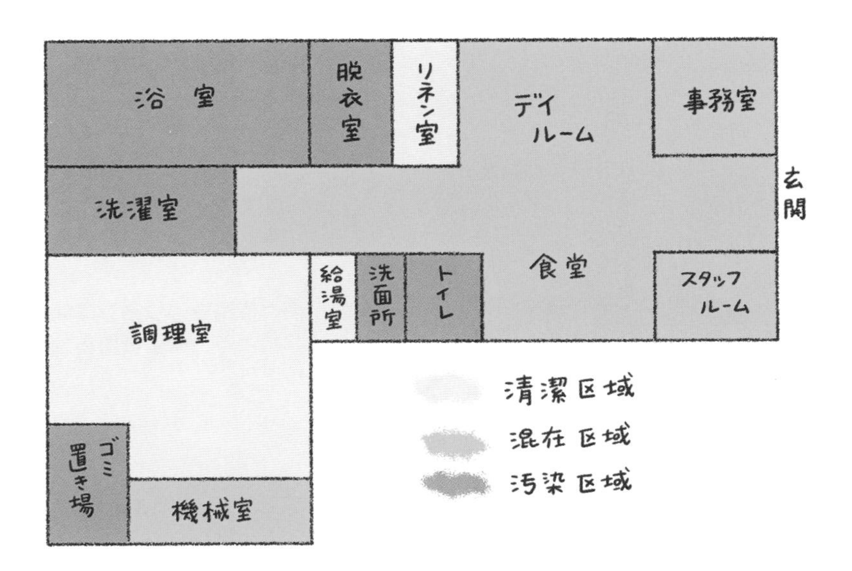

各区域の注意点

清潔区域

- 区域内に入るときは、流水と石けんで手洗いをする。
- 汚染されていない、清潔な服装で作業する。
- 汚染されたものを持ち込まない。
- 物品を区域外に持ち出さない。

汚染区域

- 汚物処理専用の場所を設け、専用場所でのみ汚物処理を行う。
- 嘔吐物、汚物処理のときには、マスク、手袋を着ける。
- 必要に応じて、エプロンを着ける。
- 汚染したものは、ビニール袋に入れ、密閉して持ち運ぶ。
- 作業後は、ドアノブや壁、手すりなど、手でふれたと思われる（汚染の可能性がある）部分を広範囲に消毒する。
- 作業終了後は、流水と石けんで手洗いをし、手指消毒を行う。
- 区域内に清潔なものを持ち込まない。
- 物品を区域外に持ち出さない。

使用前と使用後のリネンは混在しないよう、保管場所を分けましょう。

リネンの取り扱い

通常は、健康な皮膚に接触しているため、リネンからの感染リスクは低く、取り扱いに神経質になる必要はありませんが、次のようなことには気をつけましょう。

使用済みのリネン

ほこりを立てないように取り扱います。また、使用後のものであっても、床に置いてはいけません。ランドリー袋（リネン袋）には詰め込みすぎないように、80%程度にします。

使用前のリネンと混ざらないよう、保管場所やカートの分別を行います。

シーツ交換

ベッド上には毛髪や落屑（らくせつ）などの汚れがあり、病原体が付着している可能性があります。飛散を防ぐために、シーツ交換は静かに行いましょう。バサバサと音を立て、ほこりが舞うようなことのないよう、十分に気をつけてください。

また、高齢者は、皮膚が乾燥し落屑が多くなりがちです。疥癬、白癬などの感染症の可能性もありますので、**落屑は粘着ローラーで取り除く**ようにします。また、スタッフは、落屑やほこりの吸入や接触を避けるために、マスク、手袋を着用するようにします。

極端に落屑が多い場合は、皮膚疾患の有無を必ず確認しましょう。

清拭タオルは作り置きしない

清拭用の蒸したタオルは、湿度と温度が適度で微生物が発育しやすい環境です。濡れたタオルの菌は時間をおくほど増殖しますので、１日で使い切る量を準備しましょう。また、清拭車の掃除もこまめに行いましょう。

使用後のタオルの扱い方

手や身体を拭いたタオルには、さまざまな微生物が付着していますので、使用済みタオルは、素早くビニール袋などに入れます。床やテーブル、ベッド柵などにそのまま置いてはいけません。周囲を汚染する危険があります。

また、タオルに血液や体液が付着している場合は、他のものと一緒にせず、十分な予備洗浄後、熱湯（80℃以上・10 分）または次亜塩素酸ナトリウムを使用し、消毒します。

湯の温度が 42℃以上になると、たんぱく質が凝固し、汚染を除去することができなくなります。予備洗浄は 30 ～ 40℃で行いましょう。

タオルなどは、使い終わったらすぐ、ビニール袋や汚れ物入れに入れます。テーブルの上などに置いてはいけません。

付着した血液、体液は消毒する

床や壁、テーブルの上などに、血液、分泌物、排泄物などが付着していたら、手袋を着用し、ペーパータオルなどで拭き取ります。その後で、消毒用アルコールまたは次亜塩素酸ナトリウムを用いて消毒します。

アルコール製剤は、血液に対しては、血液中のたんぱく質を凝固させてしまい、消毒効果が不十分になる可能性があるので、拭き取りを行った後で使用するようにします。

その他の注意

接触感染予防

掃除の際、ドアノブ、手すり、ベッド柵、テーブル、車椅子など、頻繁に手でふれる箇所は、消毒用エタノール、または次亜塩素酸ナトリウムで消毒します。

トイレ

トイレ清掃は１日１回行い、汚れた場合は、そのたびに掃除、消毒を行います。

浴室

洗剤を使用して毎日清掃します。ぬめりを取り、乾燥させます。消毒は、両性界面活性剤を用いて月１回以上は行います。排泄物などで汚れた場合は、その都度、実施してください。足マットは、随時清潔なものを用意します。

3-3 食事（介助）場面での感染予防

食事（介助）の際、食べ物や職員の手を介して、高齢者が感染しないよう、十分に気をつけましょう。

食事の前に

スタッフは、食事介助の前後には、必ず手洗いをしましょう。特に、汚物、排泄物の処理後は、流水・石けんによる手洗いと、手指の消毒を行い、職員が病原体の媒介者とならないように気をつけます。

利用者も手洗いや消毒を行い、また、直接手で食べ物にふれないように注意してください。

基本的な考え方

清潔な環境で食事がとれるよう、下記のことに注意します。

スタッフ

- 食事介助専用のエプロンを使用します。1日1回以上洗濯し、保管場所にも気をつけましょう。
- 一度に複数の人の食事介助を行わないようにします。
- 食事介助を中断して、他のケアを行った場合は必ず手洗いと手指消毒を行いましょう。

物品

- おしぼりは、できるだけ使い捨てのものを使いましょう。施設内で準備したおしぼりには、微生物が付着、増殖している可能性があります。

- 食器、器材は清潔なものを使用しましょう。
- 使用した食器などはよく洗い、十分に乾燥させて、清潔な場所に保管します。

環境

- 食事の前に、車椅子、椅子、ドアノブ、テーブルなど、利用者がさわると思われる場所を消毒しておきましょう。
- 食事中、食後には換気を行います。

車椅子、椅子、ドアノブ、テーブルなど、利用者がさわりそうな場所は食事前に消毒しておきます。

食事中、食後には換気を行いましょう。

対応

- 食事中に嘔吐した場合は、手袋を着用し、ペーパータオルなどですぐに嘔吐物を拭き取り、その場を消毒します。
- 食べ物が床に落ちたときは、落ちたものを利用者が拾って口にしないよう、すぐに片付けましょう。
- 調理終了後、2時間以内に食べ終えるようにします。
- 利用者が、食べ物を持ち込んだり、持ち帰らないように気をつけましょう。
- 風邪が流行っている時期、梅雨どきなどは家族からの食べ物（特に生もの）の持参は、極力避けてもらいます。ただし、利用者が楽しみにしていたり、食欲がなくて好物を持参した場合もあります。臨機応変に対応しましょう。
- 食事介助を利用者家族が行う場合は、職員と同様に、手洗い、手指消毒、エプロンの着用をお願いします。

3-4 口腔ケア

口腔（口の中）の汚れを落とすことは、誤嚥性肺炎の予防に有効です。適切な方法で行いましょう。

口腔ケアの意味

誤嚥性肺炎は、細菌などを含んだ飲食物や唾液が、誤って気管に入ってしまうことで発症する肺炎です。

口腔内は常に 37℃前後に保たれており、微生物にとって非常に住み心地のいい場所です。口腔内には 300 種類を超える細菌が住みついており、食べ残しがある状態で、さらに繁殖します。また、高齢になると唾液の分泌が低下するので、口腔が不潔になりがちです。

適切なケアで口腔の汚れを落とし、正常な唾液の分泌を促すことで、口腔内の細菌を減少させたり、繁殖を抑制することができます。

口腔ケアの方法

基本は歯のブラッシングです。歯ブラシは、歯肉を傷つけないように柔らかいものを選びましょう。

歯ブラシでのブラッシングが行えない場合は、歯間ブラシやスポンジブラシなどを使用します。使用後は、しっかりと洗浄し、十分に乾燥させます。最低 2 組を用意し、交互に使用するようにしましょう。

用具を使うことが難しい場合は、ぬるま湯か消毒薬、マウスウオッシュなどを用いて口をゆすぎます。

歯のブラッシング

①姿勢を整え、水を口に含みます（15mL 程度）。
②口の前後、左右をふくらませて動かし、水分を吐き出します。
③歯ブラシを使って、歯を磨きます。歯磨き粉は使用しなくてもよいです。1～2 本ずつ磨くようにし、歯の外側は歯ブラシを直角に当てて、上下左右に小刻みに動かします。歯の内側は、少し斜めに当てるとうまく磨けます。歯と歯肉の境目を丁寧に行います。唾液がたまる場合は、時々吐き出します。
④舌のブラッシングを軽い力で行います。
⑤スポンジブラシなどを用いて、粘膜、歯肉マッサージを行います。
⑥水を含ませて、洗口を行います。

歯ブラシを歯に軽く当て、歯と歯の隙間から汚れをかき出すように小刻みに動かします。

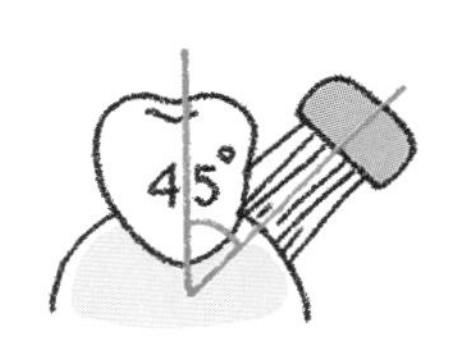

45°の角度で歯ブラシを当てて小刻みに動かし、歯と歯肉の境目を磨きます。

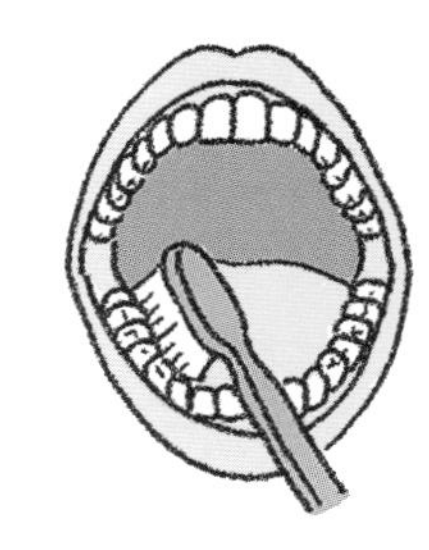

歯の内側を磨くには、歯ブラシを斜めに当てます。

歯の外側を磨くには、歯ブラシを歯に直角に当てます。

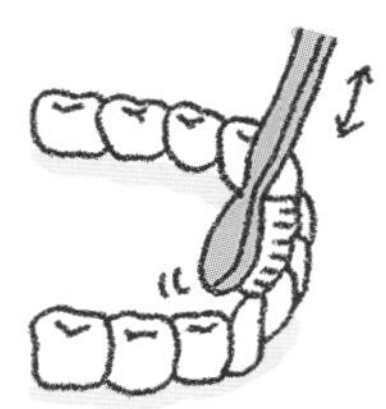

前歯の裏側は歯ブラシを縦にして、上下に小刻みに動かします。

かみ合わせの面は、歯の溝の汚れをかき出すように小刻みに動かします。

舌のケア

①水で濡らしたスポンジブラシで、唇および口腔を清拭します。
②舌ブラシを用いて、舌のケアを行います。
③水（必要に応じて消毒薬）を含ませて、洗口を行います。

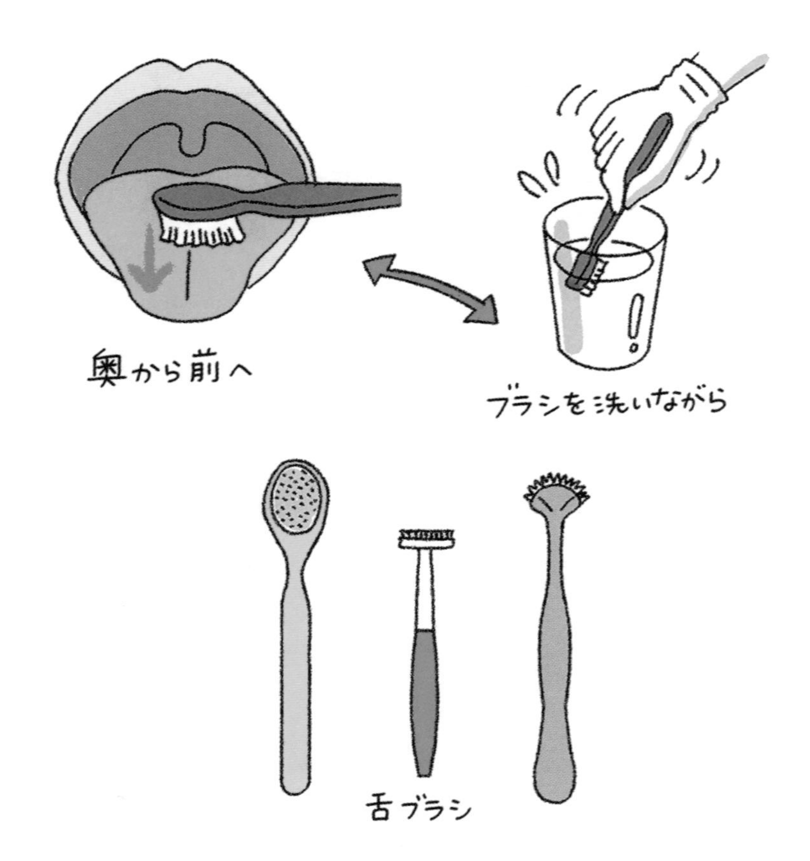

口をゆすぐ

①水またはぬるま湯、必要に応じて消毒薬を用います。
②姿勢を整え、コップから 15mL 程度、口に含みます。
③口の前後、左右をふくらませて動かし、水分を吐き出します。
④②〜③を 10 回程度繰り返します。

義歯の洗浄

義歯の洗浄は食事のたびに行います。

①義歯をはずし、義歯の洗浄、消毒を行います。
②スポンジブラシなどで歯肉をマッサージします。
③水を含ませて洗口を行ってから、義歯を装着します。

・義歯を洗う

流水で洗います。落として壊さないよう、注意しましょう。

歯ブラシで磨きます。

・保方存法

・1週間に2～3回、義歯洗浄剤を使って洗浄します。
・水を入れた容器に保管します。
・義歯の適合性をチェックします。

・義歯ブラシ

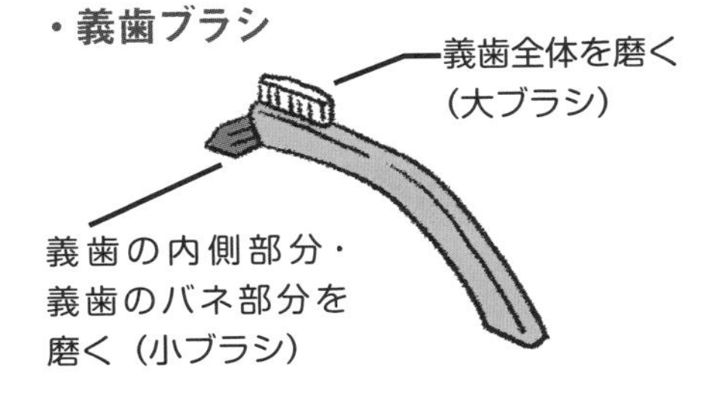
義歯全体を磨く（大ブラシ）
義歯の内側部分・義歯のバネ部分を磨く（小ブラシ）

・総義歯の磨き方

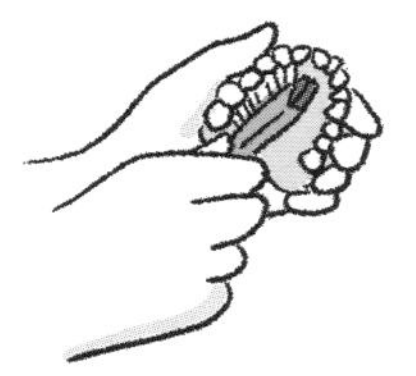

義歯側は大ブラシで全体を磨き、歯間には小ブラシを使用します。

上あご側は大ブラシのほうを使用します。

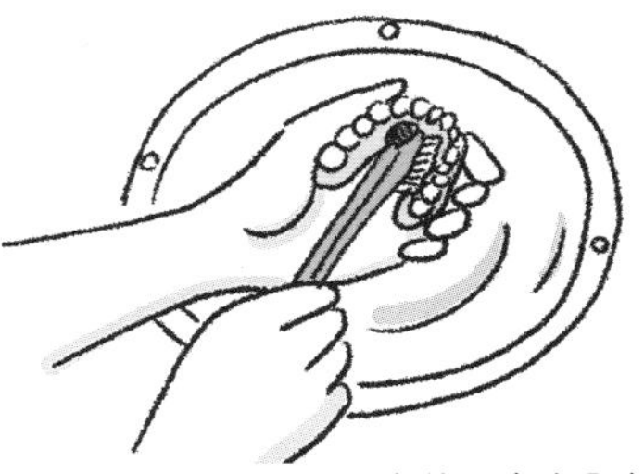

下あご用総義歯は、全体に力を入れず、手で支えるように持ちます。洗面台に落とすと壊れやすいので、プラスチックの洗面器の上で作業をしましょう。

口腔ケア時の注意

- 行う前後に、手洗いと手指消毒をします。
- 粘膜にふれたり、飛沫を浴びる可能性があるので、手袋、マスク、エプロンを着用します。
- 口腔内の常在菌を温存するため、消毒薬、マウスウオッシュの多用は避けます。
- 舌は傷つきやすいので、舌面をこすりすぎないように気をつけ、軽い力でやさしく行います。
- 誤嚥しないよう、利用者の姿勢を整えてから行います。
- 片マヒや開口が困難な場合は、洗浄水や唾液などの誤嚥に十分気をつけましょう。

スタッフは利用者と視線の高さを合わせて口腔ケアを行います。スタッフが立ったままでケアを行うと、利用者の顔が上がることになり、誤嚥しやすくなります。

3-5 給食（調理室）での感染予防

安全、安心な食事を提供し、食中毒などの感染症を起こさないよう、しっかりと対策を立てましょう。

基本的な考え方と調理員の対策

食中毒などの感染症対策として、病原体を「付着させない（清潔を保つ）」「増やさない（迅速な調理や管理）」「消滅させる（加熱や消毒）」ことが重要です。

作業の前に

調理従事者は、流水と石けんによる手洗いと、手指消毒を 2 回以上行ってから作業に入ります。盛り付けや配膳など、食品にふれる可能性がある人も同様です。

作業を行う前に、以下の点をチェックしましょう。

□流水と石けんで手を洗いましたか？
□調理専用の衣服、エプロンを身に着けていますか？
□マスクをしましたか？
□手指に傷はありませんか？
□指輪ははずし、爪は短く切ってありますか？
□髪の毛はまとめていますか？
□洗った手で、顔や髪にさわっていませんか？
□体調不良（下痢・発熱など）ではありませんか？

※下痢や発熱、咳などがある場合は、調理作業を行ってはいけません。

作業中は

トイレには、調理作業用の服や靴のまま行ってはいけません。また、一度、調理場を離れたら、再度手洗いと手指消毒を行いましょう。

食材の取り扱い

肉、魚介、野菜などの生鮮食品は、専用の保管場所に置き、1回で使い切る量を用意しましょう。

冷蔵庫、冷凍庫に食材を詰めすぎないようにしましょう。低温で増殖できる菌もあるので、冷蔵庫、冷凍庫を過信せず、長期保存は避けます。

冷蔵庫や冷凍庫から出した食品は、すぐに調理します。**加熱調理食品は、中心部が75℃～80℃で1分間以上加熱**されるように調理します。

調理後の食品は、ふた付の容器に入れるなどして、二次感染を防止します。

調理器具などの管理

調理器具は、食品や用途別に用意します。

調理機械、器具は、使用ごとに分解して洗浄、消毒し、乾燥させます。

調理器具、容器は衛生的に保管します。

調理機械、器具

機械を分解後、水洗いし、洗剤をつけて洗浄します。よく洗剤を洗い流した後、部品を**80℃で5分間以上消毒**し、乾燥後、機械本体、部品を組み立てます。作業開始前には消毒用アルコールを噴霧しましょう。

まな板、包丁などの器具は熱湯消毒後、清潔な場所に保管します。

調理台

水洗い後、洗剤で洗浄します。十分に乾燥したら、**70%アルコールで殺菌**します。

食器類

水洗い後、洗剤で洗浄し、次亜塩素酸ナトリウムで消毒します。または、食器洗浄器で洗浄してください。十分な乾燥も大切です。

ふきん、タオルなど

水洗い後、洗剤をつけて洗浄し、洗剤をよく洗い流します。**100℃で5分間以上煮沸**を行い、清潔な場所で乾燥、保管してください。未使用のものと使用済みのものは区別して保管します。

まな板は洗剤で洗って、熱湯をかけ、しっかり乾燥させます。
ふきんは漂白したり煮沸消毒した後、乾燥させ、常に清潔なものを使うようにします。

ゴミ処理・環境整備など

ゴミ処理

廃棄物用の容器は、液や臭いがもれないように管理し、定期的に掃除、消毒を行います。また、廃棄物を清潔区域に持ち込んだり、作業場に放置してはいけません。

環境整備

毎日、掃除・消毒を行い、物品の整理整頓を心がけ、常に清潔な状態にあるようにします。換気を行い、調理場が高温多湿にならないようにしてください。虫やネズミの侵入にも気をつけましょう。

もしもに備えて

感染症の発生などで、施設内で調理が行えなくなることがあるかもしれません。外部業者や、関連施設に委託するなど、代替食の手配や運搬方法などについても考えておくとよいでしょう。

毎日、掃除・消毒を行い、物品の整理整頓を心がけましょう。
廃棄物用の容器は、液や臭いがもれないように管理し、定期的に掃除、消毒を行います。

3-6 排泄（介助）場面での感染予防

排泄物には多くの病原体が含まれており、感染源となることがあります。汚物の取り扱いは慎重に行いましょう。

排泄介助の基本

排泄は非常にプライベートな行為です。介助は、利用者の羞恥心に十分配慮し、その人の状況に合わせて行われなければなりません。

排泄物、特に便中には多数の病原体が存在しています。排泄物処理時に、周囲環境を汚染したり、介護者が感染の媒介者となってしまわないよう、取り扱いには注意が必要です。

プライバシー保持を徹底し、遠慮や羞恥心を与えないように対応しながら、感染予防にも目を向けた介助を行いましょう。

感染を拡げないための留意点

嘔吐物や便に混じって排出されるノロウイルスは、ごく微量で感染します。排泄物や汚染された衣服、リネンなどにふれる場合は、必ず使い捨て手袋を使用しましょう。

汚染された手袋で作業を続けないよう、手袋は１ケアごとに取り替え、また取り替える際には必ず手洗い、手指消毒を行います。

オムツ交換の際の注意

オムツ交換の前後には、手洗い、手指消毒を行います。感染予防のために、エプロンを着用しましょう。特に、下痢症状がある場合は使い捨て手袋・マスクを着用します。

冷たい手でいきなりさわられると、利用者はびっくりします。事前に手を温め、声をかけてから行うようにします。また、手袋を着用して交換を行う場合は、一言利用者に断わってからケアに入りましょう。

事前に使用物品（交換用オムツ、ビニール袋、清拭用タオル、着替えなど）を準備、手順を確認し、できるだけ手早く行いましょう。

手袋は1ケアごとに

手袋を使う場合は、１ケアごとに取り替えます。汚物処理が終わったら手袋をはずし、手指消毒を行います。使用した手袋を着けたまま、新しいオムツや衣服、布団、ベッド柵など周囲をさわってはいけません。同じ手袋で、複数人の介助にあたることも、絶対にしてはいけません。

同じ手袋のまま、複数人の排泄介助にあたってはいけません。手袋は、その都度替えましょう。

感染拡大を防ぐ

使用後のオムツや手袋などの汚物をベッドや床に置いてはいけません。直接ビニール袋に入れ密閉します。

また、オムツの一斉交換は、感染拡大の可能性がありますので、できるだけ行わないようにします。

オムツ交換車の使用も避けましょう。やむをえず使用する場合は、清潔なものと汚染されたものが接触しないように区別を行い、使用ごとに消毒を行います。

失禁への対応

便や尿は、排泄後時間が経つと細菌が繁殖し、また長時間付着したままでいると、皮膚への刺激が強いため炎症やびらんを起こす原因となります。

尿路感染症や褥瘡（じょくそう）を発症する可能性も高くなるので、排泄に気がついたら、すぐに排泄物を取り除き、衣服やオムツの交換を行うようにします。

身体の汚れがひどいときは、シャワーなどで汚れを洗い流し、周囲の清掃、消毒も行います。

ただし、皮膚への過剰な刺激を避けるため、**石けんでの洗浄は1日1回程度**とし、ぬるま湯でやさしく洗い流す、排泄物を拭き取る、清潔な状態で撥水性のあるクリームを塗布し、排泄物が直接皮膚につかないようにするなどを行います。

環境整備も忘れずに

トイレや汚物処理室の掃除、消毒、換気は十分に行いましょう。ドアノブ、レバーなど手でふれる部分も忘れずに消毒してください。床が排泄物で汚染された場合は、ペーパータオルなどで拭き取り、次亜塩素酸ナトリウムで消毒します。

排泄物の状態を観察する

体調の変化は排泄物に顕著に現れます。スタッフは排泄介助を通して、排泄物や利用者の皮膚の状態などを丁寧に観察し、変化を見逃さないようにします。

□排泄物の状態（色・臭い）
□回数
□皮膚異常（かぶれや発赤など）がないか
□陰部にかゆみがないか
□排尿（便）時に痛みや違和感がないか
□残尿感はないか

▼ブリストル便スケール（正常：3～5）

1		<兎糞便> 硬くコロコロの便
2		<硬便> 短く固まった便
3		<有形硬便> 水分が少なくひび割れている便
4		<有形軟便> 適度な軟らかさの便
5		<軟便> 水分が多く非常に軟らかい便
6		<泥状便> 形のない泥のような便
7		<水様便> 水のような便

3-7 入浴（介助）場面での感染予防

身体をよく洗ってから、浴槽に入るようにしましょう。浴室は、毎日きちんと掃除をし、清潔な状態を保ちます。

基本的な考え方

施設内における入浴では、浴室、浴槽、湯、バスマット、スポンジなど、あらゆるものが感染経路となる可能性があります。利用者ごとに浴槽の洗浄や消毒を行うことは難しいので、感染症のある人の利用は最後とし、使用後に、洗浄、消毒、乾燥を行います。

原則として、浴槽に入る前には全身を石けんで洗い、シャワーで十分に流し、湯の汚染を防ぎます。

洗浄、消毒、乾燥の方法

身体を洗うスポンジやタオルは、個別に専用のものを用意し、使用後は洗浄、消毒、乾燥させます。浴槽や洗面器も、使用後によく洗浄し、乾燥させましょう。

入浴中に便や尿の排泄があった場合は、よく洗い流し、手指や浴室を消毒してください。

浴槽は洗浄、次亜塩素酸ナトリウム、または消毒用エタノールで消毒後、乾燥させます。

入浴前に行うこと

入浴前には、バイタルサイン・顔色・気分などをチェックし、入浴できる体調であることを確認します。また、排泄を済ませておきます。食前、食後1時間の入浴は避けましょう。

入浴には皮膚を清潔にするだけでなく、血行促進やリラックス効果などの大きなメリットがあります。諸症状があっても、全身状態に問題がなく、本人が希望するときには、あまり神経質になる必要はないでしょう。

利用者の状態別対応法

胃ろう

胃ろうは造設後1週間程度でシャワー、2週間ほどで入浴できるようになります。そのまま全身を湯船につけても問題ありません。

胃ろうの周囲は弱酸性の石けんで洗います。石けんの成分が残っていると、皮膚のトラブルの原因となってしまうことがあるので、ぬるま湯できれいに洗い流すようにします。入浴した後は水気を拭き取り、乾燥させます。シャワーや入浴の後に胃ろうの周りを消毒する必要はありません。

胃ろうの周りは毎日、生理食塩水やぬるま湯できれいに洗います。洗う際にはガーゼや綿棒で、ろう孔の周りに付着した粘液や汚れを拭き取ります。

ろう孔周辺の皮膚に付着した粘液や汚れは、清潔なガーゼや綿棒などで毎日拭き取りましょう。

褥瘡

創部を清拭してはいけません。清拭することによって治りかけている創（褥瘡部位）の皮膚組織や皮膚の細胞をはぎ取ってしまったり、出血させてしまい、治癒を遅らせることになるからです。

入浴は可能です。42℃以上の湯は皮脂を落とし、皮膚を乾燥させてしまうので、お湯の温度に気をつけましょう。

浴槽に入るときは、感染を予防するために創を防水性のドレッシング材（被覆材）で密閉カバーします。お湯が汚れるのも防げます。最後に、ドレッシング材をはがして創内にシャワーをかけ洗浄します。また、創内の水分が残らないように、押し拭きで水分を除去します。

褥瘡が肉芽形成しているときは、ドレッシング材は不要のことが多いので、医務室に確認しましょう。湯上がり時にシャワーで創の洗浄を十分に行います。入浴後の創の消毒は必要ありません。

褥瘡のある人の入浴では、お湯の温度は42℃より熱くならないよう、気をつけましょう。

疥癬

清潔を保つことが第一です。通常の疥癬は、浴室や浴槽で感染する可能性は低いので、積極的に入浴し全身の清潔を保ちます。

感染力の強い角化型（ノルウェー）疥癬は、多数のヒゼンダニや卵を含む落屑が浴室、脱衣所などに残り、感染の可能性があります。角化型疥癬に感染している人は最後に入浴してもらい、スタッフも手袋やガウンを着けて介助を行いましょう。

タオルやスポンジ、マットなど、身体に直接ふれるものの共有は避けます。また、疥癬の原因となるヒゼンダニは熱に弱いので、入浴終了後に、入浴用具は熱水処理（50℃以上）を行いましょう。

レジオネラ症に気をつけよう

循環式浴槽では、レジオネラ菌が増殖し、レジオネラ肺炎を発症させてしまうことがあります。

循環式浴槽ではジェットバスの使用を避ける、浴槽水をシャワーや打たせ湯に使用しない、浴槽だけでなく、ろ過装置、循環系も清掃、消毒するなど適切な管理が大切です。塩素による消毒が有効です。

介護者の対応

入浴の介助や清拭は、皮膚と皮膚が接触するので、疥癬などに介護者が感染することがあります。入浴介助の前後には、手や腕の洗浄を行い、手指に傷がある場合や排泄物、血液、褥瘡などにふれる場合は手袋を着用するなどして、感染に注意しましょう。

3-8 外出や外部の人との接触

感染予防の基本は、病原体を持ち込まない、持ち出さないことです。家族や面会者にも注意を促しましょう。

病原体を持ち込まない

病原体は、施設外から持ち込まれることが多くあります。施設内の管理を徹底するとともに、新規入所者、職員、委託業者、面会者、家族、ボランティア、実習生など、施設に入る人への対策も行いましょう。

感染症発生時だけでなく、日頃から、パンフレットや資料を渡す、注意を促すポスターを掲示するなど、感染症に対する知識と理解を深めてもらう活動をしましょう。

また、受付近くの手洗い場で、手を洗ってもらう、手指消毒を行ってもらう、マスクを着用してもらうなど、協力を促します。

さまざまなケースでの対応

施設内で感染症が発生している場合

面会は、極力避けてもらいます。面会が必要な場合は、手洗い、手指の消毒、マスクの着用をお願いしましょう。感染を持ち込まないと同時に、施設外に持ち出さないことも大切です。

面会者が風邪をひいている場合

風邪、インフルエンザなどに感染した人を介して、病原体が施設内に持ち込まれると、抵抗力の弱い高齢者が多い施設内で一気に感染が拡がる可能性があります。咳や発熱などの症状がある人の面会は、丁重にお断りしましょう。

ただし、家族との面会を楽しみにしている利用者には寂しい思いをさせてしまうことになります。スタッフは利用者の気持ちを配慮して、対策を検討しましょう。

外出時の注意

利用者の体調がよくないときは、外出を控えましょう。抵抗力が落ちていると、感染症にかかりやすくなります。

また、インフルエンザ流行時には、マスクの着用、暖かな服装で出かけ、施設へ戻ったときには、手洗い、うがいを徹底します。

手土産への対応

生鮮品や要冷蔵の菓子など、日持ちしない食べ物は、食中毒の原因になる可能性があります。食べ物の持ち込みは、丁重にお断りしましょう。

受付で注意を促し、来訪者にも協力を求めましょう。

3-9 在宅における感染予防

在宅は施設に比べて感染予防に対する意識が低くなりがちですが、基本的な知識と対策は講じておくべきです。

基本的な考え方

在宅ケアで使用する日常的なもの（歯ブラシ、食器類、衣類、リネンなど）は、基本的には洗浄と乾燥を行えば問題ありません。ただし、血液や体液が付着したり、感染症を発症した場合は消毒しましょう。

また、どんなに忙しくても、ケア前後の手洗いやうがい、汚物処理時の手袋着用など基本となる予防策は忘れないようにしましょう。

室内の掃除

定期的に掃除をして、ほこりをためないようにします。高温多湿な室内は、カビやダニが発生しやすくなるので、十分な換気を行います。通常、室内の消毒をする必要はありません。

- 掃除の際は、必ず窓を開けて換気する。
- 必要に応じてマスクを着用する。
- ほこりを立てないようにする。
- 掃除の後は、手洗い、うがいをする。

消毒方法

在宅で行う具体的な消毒方法には以下のものがあり、必要に応じて行います。次亜塩素酸ナトリウムは、金属、ステンレスには使用できません。

衣類・シーツ

衣類やシーツに病原体が付着している場合もありますが、乾燥している状態では、ほとんど問題はありません。

洗濯は普通に行い、日光に当てて乾燥させます。アイロンで高熱を当てることも有効です。

1日1回行うことが理想ですが、最低でも2～3日に1回は交換、洗濯をしましょう。

布団

天日干しをし、表裏ともに日光によく当てます。布団乾燥機の使用もおすすめです。抜け毛や落屑がある場合は、床に落とさないよう、粘着ローラーで取り除いてから移動させます。落屑が多い場合は、掃除機で吸い取ります。ほこりを立てないように取り扱います。

室内は定期的に掃除をします。布団は抜け毛や落屑がある場合は粘着ローラーや掃除機で取り除いてから天日に干します。

冷蔵庫・冷凍庫

定期的に整理し、食材を詰め込みすぎないようにします。消毒には、消毒用エタノールを使い、庫内やドア部分を拭きましょう。

食器

食器洗浄器による洗浄、または食器用洗剤による洗浄と熱水処理を行います。十分に乾燥させましょう。

まな板・ふきん

洗剤で洗浄後、熱水消毒、または、次亜塩素酸ナトリウムに浸けた後、洗浄します。十分に乾燥させます。

体温計、はさみ、リモコンなど

消毒用エタノールで拭きます。

テーブル・ドアノブ・ベッドサイドなど

消毒用エタノールまたは、次亜塩素酸ナトリウムで拭きます。

体温計やはさみなどは消毒用エタノールを使って拭きます。

医療処置時の感染予防①

3-10 喀痰吸引

医療処置時には、感染を媒介してしまうことのないよう、手指や使用物品の消毒をしっかり行いましょう。

喀痰吸引時の注意点

口腔内の粘膜にふれたり、くしゃみや咳の飛沫を浴びる可能性が高いため、使い捨て手袋、マスク、エプロンの着用が必須です。防護用品は介護者自身の汚染を防ぐと同時に、利用者へ感染を媒介してしまうことを防ぎます。ケアの前後には、手洗い、手指消毒を必ず行います。

カテーテルの洗浄、扱い方

カテーテルの洗浄方法

カテーテルを再利用する場合は、細菌が繁殖しないよう、洗浄、消毒を行います。

カテーテルは、アルコール綿で接続部から先端に向けてよく拭き取った後、水（水道水でかまわない）を吸い上げ、吸引チューブとカテーテル内を十分に洗浄します。乾燥後、密閉容器などに入れて保管します。

消毒薬に浸ける

細菌汚染を防ぐために、エタノールを添加した0.1%ベンザルコニウム塩化物の消毒薬を用意し、カテーテルを浸けます。

消毒薬は12～24時間で新しいものに交換し、薬液に浸けたカテーテルは保管前に新しい水道水を吸引します。

消毒用エタノール、クロルヘキシジンなど、気道の粘膜を損傷するおそれがある消毒液は使用してはいけません。

容器に入れて保管

洗浄後、空気を吸い上げ、カテーテル内の水分をできるだけ除去します。日光に当てて乾燥させるとよいでしょう。十分に乾燥した、消毒済みの清潔な容器に保管しておきます。

その他の注意

吸引に必要な物品（排液びん、カテーテル保管用容器など）は、1日1回は洗浄後、煮沸消毒（15～20分間）します。煮沸できないものは、洗浄後、次亜塩素酸ナトリウムなどの消毒液に1時間以上浸します。

カテーテルや吸引チューブ、吸引水、消毒液は、汚れたらそのたびに交換します。

カテーテルは、アルコール綿で接続部から先端に向けてよく拭きます。
その後、水を吸い上げてカテーテル内を洗浄し、乾燥させて保管します。

医療処置時の感染予防②

3-11 経管栄養

経鼻胃管栄養法と胃ろう、それぞれの処置時の感染予防について知っておきましょう。

経管栄養でも口腔ケアは必要

経管栄養法は、口から食べ物、水分などをとれなくなったときに、鼻から、または腹部の皮膚から、胃（十二指腸、空腸）にカテーテルを入れて栄養補給を行う方法です。一般的に、鼻からカテーテルを入れて栄養補給を行う経鼻胃管栄養法と、腹部の皮膚と胃に穴を開けてカテーテルを留置する、胃ろう栄養法があります。

経口摂取をしていなくても、口腔ケアを行う必要があります。歯ブラシやスポンジブラシを使って、口腔内の汚れを丁寧に落とします。口腔ケアを怠ると、誤嚥性肺炎を発症しやすくなるので要注意です。

経鼻胃管栄養法

鼻から食道を経て、胃まで細いカテーテルを入れ、そのカテーテルから水分や栄養剤を注入します。

カテーテルや栄養剤、注射器などの取り扱い前には、十分な手洗いを行い、また、準備は清潔な場所で行います。

カテーテル挿入と確認は看護師が行い、介護職は滴下の見守りとフラッシュ（カテーテル内に残った栄養素から雑菌が繁殖することを防ぐために酢酸液を注入すること）を行います。

再利用する使用物品（カテーテル、注入用バッグなど）は、洗浄、消毒が必要です。家庭用洗剤で洗い、水でよくすすぎます。その後、次亜塩素酸ナトリウムに1時間以上浸けた後、十分に乾燥させます。

胃ろう

皮膚から胃に、直接カテーテルを留置して、栄養剤などを注入する方法です。

経鼻胃管栄養法と同様、準備の前には、手洗いと手指消毒を行います。

カテーテルや注入容器などの使用物品は、洗浄、消毒が必要です。家庭用洗剤で洗い、水でよくすすぎます。その後、次亜塩素酸ナトリウムに1時間以上浸けます。乾燥もしっかりとしてください。

カテーテルやボタンが抜けないように気をつけ、また胃ろう周囲に発赤、びらん、出血などがあった場合は医療機関に報告します。胃ろうの周りは汚れやすく感染の原因となるので、毎日、ぬるま湯できれいに洗い清潔を保つようにします（入浴の項参照）。

胃ろうの人はカテーテルやボタンが抜けないように気をつけましょう。また胃ろう周囲を観察し、発赤、びらん、出血などがあった場合は医療機関に報告します。

医療処置時の感染予防③

3-12 膀胱留置カテーテル

膀胱留置カテーテルは、自然排尿が困難な場合や失禁による創部汚染の可能性がある場合などに、尿道から膀胱内にカテーテルを挿入し排尿を行う方法です。

尿路感染症にかかりやすいので注意

膀胱留置カテーテルを設置していると尿路感染症にかかりやすく、無菌状態でカテーテルを挿入しても、1～2週間ほどで細菌尿が発生、30日でほぼ100%、尿路感染が発生するといわれています。

挿入部である陰部の洗浄は、ぬるま湯と石けんで行います。特に、排便後は、尿道口の汚染を避けるため、必ず行います。

▼細菌の侵入部位

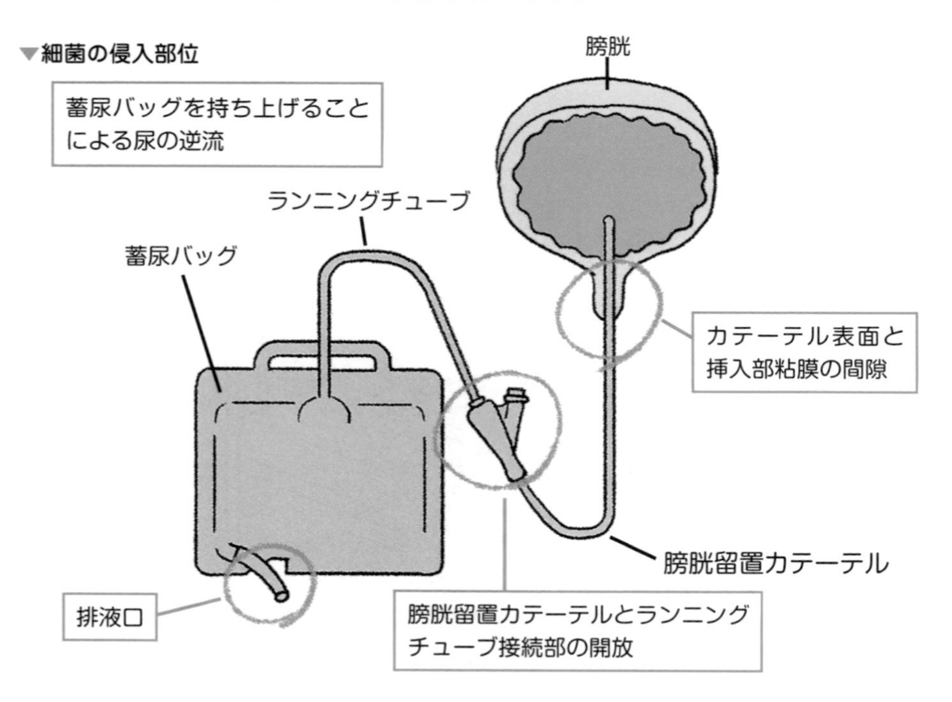

蓄尿バッグ、カテーテル、その他生活上の注意

蓄尿バッグの注意

蓄尿バッグの位置が膀胱よりも高いと、尿が逆流して逆行性感染を起こすおそれがあります。蓄尿バッグは、ベッドマットよりも低い（なおかつ床に着かない）位置に、垂直になるように固定し、常に膀胱よりも低い位置にあるようにします。

蓄尿バッグは、いっぱいにならないうちに排液します。尿を排出する場合は、使い捨て手袋をして排尿口の清潔を保ち、排尿口から細菌が入らないようにします。

カテーテルの注意

カテーテルとランニングチューブは、曲がったり、折れたりしないように注意します。また、カテーテルと蓄尿バッグの接続をはずしてはいけません。開放された接続部分から、細菌が侵入し、感染する可能性があるからです。

生活上の注意

水分制限がない限り、1日の尿量を1500～2000mL確保できるよう、水分を積極的にとりましょう。

また、丁寧な観察を行います。発熱や下腹痛の有無、尿量の変化、尿の状態などを丁寧に観察します。異常がある場合は、速やかに、医師、看護師に報告します。

医療処置時の感染予防④

3-13 褥瘡

褥瘡（床ずれ）は、継続的に一定の部位が圧迫され続けることで、皮膚や皮下組織に起こる損傷のことです。

予防はしっかりと行う

まず、褥瘡の予防として、頻繁な体位変換、排泄の管理、栄養状態の向上などに努めることが大切ですが、発症した場合は、創（褥瘡部位）周囲の皮膚および創内を清潔に保ち、汚染、感染を予防します。

褥瘡部位が感染すると、細菌が増殖して肉芽組織の深部へ侵入し、組織破壊を起こし、発赤、腫れ、熱感、疼痛や、膿性の分泌物などが症状として現れます。

褥瘡ケアの前後には、手洗いと手指の消毒を行い、ケア中は手袋を装着しましょう。交換したガーゼ、ドレッシング材（被覆材）などはビニール袋に入れて密閉し、他への汚染を防止します。

基本的な処置方法

消毒は必要ありません。消毒より洗浄を優先します。

創周囲の皮膚は、滲出液や汗、ドレッシング材や外用剤などにより汚染されています。弱酸性石けんをよく泡立てて、創以外の周囲の皮膚を洗浄します。

創部は微温湯を圧力をかけずにたっぷり流して、しっかり洗浄します。排液の濁りがなくなるまで、十分に行い、柔らかい布で皮膚をこすらないように、押し拭きで水分を取り除きます。その後、創傷被覆材を貼付します。

医師などから指示があった場合は、創面をポビドンヨード液などで消毒し、消毒後、生理食塩水で洗い流します。

▼褥瘡の洗浄

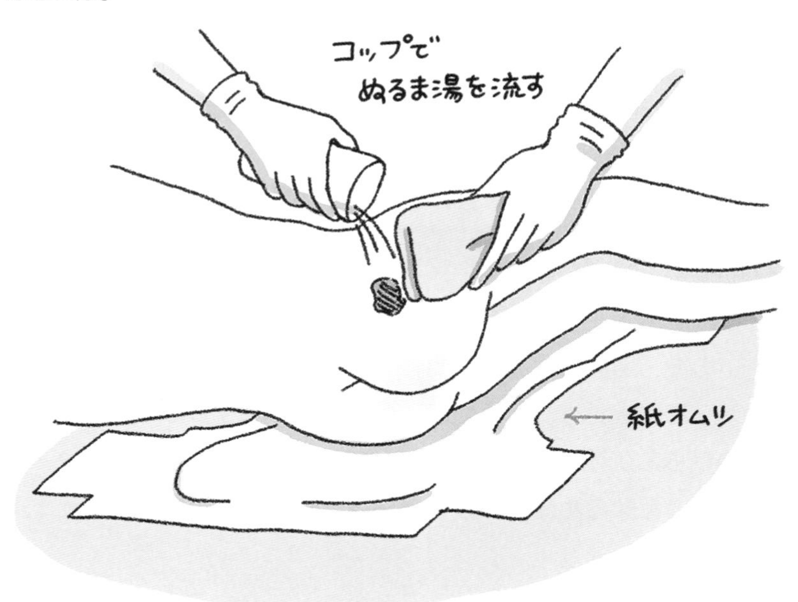

Column
「普通の生活」が褥瘡を予防する

当たり前の生活をしていれば褥瘡はできません。当たり前の生活とは、日中は起きて、口からしっかり食べて、普通のお風呂に入り、きちんとトイレで排泄し、夜はぐっすり眠る……という生理学にかなった暮らし方のこと。つまり、移動を伴う普通の生活が褥瘡予防に最も効果的なのですが、目的もなく、起きて座っているというのは苦痛以外の何ものでもありません。高齢者が、起きていること（座っていること）が楽しく感じられるようにすること、ここからは生活のプロである介護職の仕事です。

医療処置時の感染予防⑤

3-14 ストーマ

ストーマとは、体外に便や尿を排出するために、一時的あるいは継続的に、腹壁に造設した排泄口のことです。ストーマにパウチ（袋）を装着し、排泄物をためます。

皮膚管理がポイント

パウチと接触するストーマ周囲の皮膚は、かぶれや発赤などの皮膚障害が起こりやすいので、適切なケアが必要です。

ストーマから排出される、便や腸液、尿はアルカリ性なので、皮膚に付着すると発赤やびらんが起こります。また、ストーマ周囲の汗、汚れや、皮膚に直接ふれることとなる粘着力の強い皮膚保護剤も、皮膚を刺激し皮膚障害の原因となります。

皮膚を清潔に保ち、刺激物を避けることがストーマケアのポイントです。

ストーマケアの前には石けんを使って流水で手洗いをします。お湯、石けんまたは弱酸性の洗浄剤、ゴミ袋、ストーマ装具を用意します。

おもな皮膚障害

皮膚障害の原因はいくつかあります。いずれにしても、医師、看護師に早めに報告しましょう。

ストーマ周囲のトラブル

排泄物が皮膚にふれるために起こります。皮膚保護剤の穴とストーマの大きさが合っていないことや、ストーマ周囲の皮膚に凹凸があり、皮膚保護剤との間に隙間ができることなどが原因です。痛みやかゆみ、かぶれを伴い、症状は悪化します。

真菌に感染

抵抗力の低下や、パウチと皮膚の接触部分に汗をかき、不衛生になった状態などで起こりやすく、強いかゆみと、かぶれが特徴です。

アレルギー

装具の皮膚保護剤が体質に合わないことで、皮膚保護剤を貼った部分が赤くなります。メーカーを変えるなど、他の製品に切り替えます。

その他の注意

ケア時は、使い捨て手袋を使用し、作業終了後は、手洗いと手指消毒をしっかりと行います。

使用済みのストーマ装具や使用済み手袋などを廃棄するときは、パウチ内の汚物はしっかりとトイレへ流し、ビニール袋などに入れ密閉してから処分します。

感染症の警戒段階（フェーズ）とは？

世界保健機関（WHO）は感染症の警戒段階（フェーズ）を6段階に分け、各国に対策の目安を示しています。最大警戒レベル「フェーズ6」に相当するのがパンデミック期で、感染症が世界的規模で流行します。

歴史的なパンデミックとしては14世紀ヨーロッパのペスト、19世紀のコレラ、20世紀初頭のスペイン風邪（ブタインフルエンザ）などが有名です。ペストによる死者は2000万人から3000万人にのぼりました。コッホによるコレラ菌の発見で、コレラは下火になりましたが、アフリカでは現在も流行しています。

最近のパンデミックには、2009年に発生した「新型インフルエンザ」（ブタインフルエンザ）、さらに、1997年に香港から始まった強毒タイプの鳥インフルエンザ（H5N1）があります。

1	ヒト感染のリスクは低い
2	ヒト感染のリスクはより高い
3	ヒト–ヒト感染はないか、極めて限定されている
4	ヒト–ヒト感染が増加していることの証拠がある
5	かなりの数でヒト–ヒト感染があることの証拠がある
6	効率よく持続したヒト–ヒト感染が確立している

第 4 章

介護現場に多く見られる感染症とその対応

4-1 感染経路による分類

介護の現場でよく出合う感染症を感染経路によって分類しました。

飛沫感染

咳、くしゃみ、会話によって生じた飛沫（しぶき）に含まれる病原体を吸い込むことで感染します。

- インフルエンザ⇒ P.120
- 新型コロナウイルス感染症⇒ P.123
- 肺炎球菌性感染症⇒ P.125

空気感染（飛沫核感染）

病原体を含む飛沫の水分が蒸発して、微生物だけになったものを飛沫核といい、この飛沫核を吸い込むことで感染します。

- インフルエンザ⇒ P.120
- 新型コロナウイルス感染症⇒ P.123
- 結核⇒ P.128
- レジオネラ症⇒ P.131
- ノロウイルス⇒ P.146

エアロゾル感染

飛沫の中でもエアロゾルと呼ばれる微小粒子に含まれるウイルスによる感染です。

- 新型コロナウイルス感染症⇒ P.123

経口感染

病原体に汚染された水を飲んだり、食べ物を食べたりすることにより、口から消化器に入り感染します。

- 腸管出血性大腸菌感染症⇒ P.141
- ノロウイルス⇒ P.146
- A 型肝炎⇒ P.158
- 食中毒⇒ P.152

接触感染

感染者や保菌者との直接的な接触、またはドアノブや手すり、物品などを介する間接的な接触で感染します。

- インフルエンザ⇒ P.120
- 新型コロナウイルス感染症⇒ P.123
- 肺炎球菌性感染症⇒ P.125
- 疥癬⇒ P.133
- 緑膿菌感染症⇒ P.137
- 足白癬⇒ P.139
- 腸管出血性大腸菌感染症⇒ P.141
- ノロウイルス⇒ P.146
- B 型肝炎⇒ P.160
- C 型肝炎⇒ P.164
- 後天性免疫不全症候群⇒ P.167

血液感染

何らかの原因により病原体を含む血液が皮膚や粘膜から体内に侵入することで感染します。

- B 型肝炎⇒ P.160
- C 型肝炎⇒ P.164
- 後天性免疫不全症候群⇒ P.167

4-2 インフルエンザ

原因病原体：インフルエンザウイルス
感染経路：飛沫感染・接触感染・空気感染
保健所への届け出：必要
隔離の必要性：無

症状と潜伏期間

潜伏期間はおおむね2日間（1～4日）で、おもな症状は急激な38℃以上の発熱、咳、のどの痛み、筋肉痛、関節痛、倦怠感などです。

高齢者は感染していても平熱に近いこともあり、発見が遅れがちです。さらに、高齢者は感染すると、肺炎を併発したり、持病が悪化するリスクが高まります。食欲不振、なんとなく元気がないなどがあれば、早めに医療機関に相談、受診しましょう。

対応と治療法

抗インフルエンザ薬を投与します。感染の初期（48時間以内）に用いれば、ウイルス量を減らすことができるので、軽症に抑えられます。

発熱時は、水分を十分にとり、ゆっくりと休養することが大切です。保温、加湿に気をつけ、換気は1時間に1回程度行います。

飛沫感染を防ぐため、インフルエンザにかかった人は、マスクをする、咳をするときは咳エチケットを守ることが大切です。熱が下がっても、2日ほどは、外出や人との接触は避けます。

日常の予防策

インフルエンザを予防するためには、次のようなことに気をつけます。

①手洗い、うがいを励行する。
②栄養と休養を十分にとる。
③人混み、外出を避ける。
④持病のコントロール（喘息や糖尿病など、持病がある人がインフルエンザにかかると重症化しやすいので、注意が必要）。
⑤インフルエンザワクチンの接種（完全に予防することはできませんが、発症のリスクを低減し、また発症しても、重症化を防ぐことができます）。

介護職の予防策

流行時期前に、インフルエンザワクチンを接種しましょう。職員が感染してしまうと、抵抗力の低い高齢者へ感染を媒介してしまうことになるので、職員の自己管理が大切です。

感染した人や感染が疑われる人の鼻水、痰、唾液などがついたタオル、マスク、ティッシュなどにはウイルスが付着している可能性があります。素手でさわらないようにし、作業後は必ず手洗いを行います。

感染予防として、手洗いやうがいは欠かせません。
また、インフルエンザワクチンを接種しましょう。

インフルエンザワクチン

インフルエンザは、ワクチンを接種することで感染を防止したり、感染しても重症化や合併症併発をある程度防止することができます。インフルエンザウイルスは遺伝子が変化しやすいので、流行株が毎年変わります。そのため予防接種は毎年受ける必要があります。自治体によって金額は異なりますが、助成金が出ています。

ワクチンの副作用として、注射した部位が赤く腫れる、かゆみが出る、しこりができる、倦怠感、発熱などがあります。長くても2日程度でおさまるので、治療は必要ありません。

▼インフルエンザと風邪の違い

	インフルエンザ	風邪
原因ウイルス	インフルエンザウイルス	ライノウイルス、アデノウイルス、RSウイルスなど多種類
潜伏期間	1～4日	1～6日
発症時期	おもに冬	一年中
症状	38℃以上の発熱、のどの痛み、倦怠感、関節痛など（全身症状）	微熱～38℃程度の発熱、鼻水、のどの痛みなど（局所症状）
合併症	肺炎	重症化しにくい
発生状況	大規模な流行	散発的
対策	ワクチン接種、手洗い、うがい、マスク	手洗い、うがい、マスク

4-3 新型コロナウイルス感染症

原因病原体：新型コロナウイルス（SARS-CoV-2）
感染経路：飛沫感染・接触感染・空気感染・エアロゾル感染
保健所への届け出：必要
隔離の必要性：有

症状と潜伏期間

潜伏期間はおおむね5日間（1～14日、ただしオミクロン株は2～3日）で、初期症状はインフルエンザや感冒に似ています。発熱、咳、のどの痛み、鼻汁、鼻閉、頭痛、倦怠感などのほか、多くの場合、味覚症状・嗅覚症状が出現します。

重症化すると、1週間以上発熱や呼吸器症状が続き、息切れなど肺炎に関連した症状を呈します。呼吸不全が進行すると、急性呼吸窮迫症候群（ARDS）、敗血症などを併発することもあり、急激に悪化して死亡することもあります。

高齢者は感染していても症状が典型的でないため、発見が遅れがちです。さらに、高齢者は感染すると、持病が悪化するリスクが高まります。食欲不振、なんとなく元気がないなどがあれば、注意深い観察と早めに医療機関に相談、受診しましょう。

対応と治療法

現時点での治療の基本は対症療法です。新型コロナウイルスに対するワクチンが開発され、2021年より接種が始まりました。五類感染症に移行した2023年も引き続き、接種できます。

日常の予防策

感染防止の基本に従って予防します。

①ウイルスを持ち込まない：換気
②感染を拡げない：手洗い・マスク着用
③感染症にかからない：ワクチン接種

職員が感染してしまうと、抵抗力の低い高齢者へ感染を媒介してしまうことになるので、職員の自己管理が大切です。

Column

五類感染症移行後の対応について

2023年5月、二類から五類に移行したことに伴って、感染症法に基づく外出自粛は解除され、個人の判断に委ねられることになりました。国の推奨する外出控え期間は、発症日を0日目として5日間です。症状軽快後も一定期間ウイルスは排出されているので、発症後10日間が経過するまでは、不織布マスクを着用したり、高齢者等ハイリスク者との接触を控えたりするなど、周囲への配慮が必要です。治療費は健康保険適用となりますが、急激な負担増が生じないよう、期限を区切って公費支援が継続されています。

ほとんどの場合は時間の経過とともに回復する新型コロナウイルス感染症ですが、後遺症として続くことがあり、「罹患後症状」と呼ばれています。

WHOは罹患後症状を「少なくとも2か月以上持続し、他の疾患による症状として説明がつかないもの。通常は発症から3か月経った時点でも見られる」と定義しており、症状としては、以下のものを挙げています。脱毛、記憶障害、集中力低下、嗅覚障害、味覚障害、倦怠感、抑うつ、関節痛、筋肉痛、咳、喀痰、息切れ、胸痛、動悸、下痢、腹痛、睡眠障害など。

症状が長引く場合には、かかりつけ医や地域の医療機関に相談するとよいでしょう。相談窓口を設置している自治体もあります。

4-4 肺炎球菌性感染症

原因病原体：肺炎球菌
感染経路：飛沫感染、接触感染
保健所への届け出：必要
隔離の必要性：無

原因となる病原体・種類

肺炎のおもな原因は、病原性微生物が肺に入り感染することですが、誤嚥、アレルギー反応、化学物質の刺激などによっても起こります。高齢者が注意しなければならないのは**肺炎球菌**による肺炎です。

肺炎球菌は鼻腔や咽頭などに常在し、健康成人でも 30 ～ 70％は保有している菌ですが、免疫力が低下しているときに発症します。高齢者や呼吸器系の病気のある人、慢性的な持病のある人はかかりやすく治りにくいため、予防や早期治療が重要です。

症状（潜伏期間）

潜伏期間はおおむね 1 ～ 3 日で、おもな症状は**発熱**、**悪寒**、**咳**、**痰**、**呼吸困難**、**胸の痛み**、**呼吸数の増加**などです。高齢者の肺炎は、発熱や咳などの症状が現れないことが多いので、本人からの訴えだけでなく、**倦怠感**、**食欲不振**、**脱水症状**（皮膚や舌が乾く）など、**「いつもと違う」様子の変化**に気づく観察力が求められます。

対応・治療法

胸部X線（レントゲン）検査や胸部CT検査、血液検査を行います。また、病原体を特定するために、痰を採取し喀痰検査を行い、のどや鼻の粘膜や尿を調べます。

治療は、病原微生物に対する抗菌薬が処方されるほか、症状に応じた薬（解熱剤、鎮咳（ちんがい）薬、気管支拡張薬など）が投与されます。体力の低下を防ぐために、暖かくして安静にしていることが大切です。食欲が低下して、脱水状態になっていることがあるので、水分補給に留意しましょう。

治療が遅れると重症化する可能性があります。疑いがある場合は早めに受診し、適切な治療を受けましょう。

予防

風邪やインフルエンザから、二次的に肺炎になることがあります。まずは風邪、インフルエンザにかからないよう、外から帰ってきたときにはうがいをする、手を洗うなど基本的な予防を励行することが大切です。

また、天気のよい日には外へ出て陽光を浴びたり、散歩などの適度な運動をするなどして基本的な体力をつけたり、入浴などにより身体を清潔に保つことも大切です。

乾燥を避け、室内の湿度を50％以上に保ち、人混みはできるだけ避け、外出時にはマスクをしましょう。特に、糖尿病、腎不全などの慢性疾患を持つ高齢者は、持病を悪化させないように注意してください。

肺炎球菌のワクチン接種も予防には有効です。これは、肺炎球菌によって引き起こされるいろいろな病気（感染症）を予防するためのワクチンですが、肺炎球菌以外の肺炎には予防効果はありません。健康保険は使えませんが、公費助成を行っている自治体もあります。

肺炎球菌ワクチン接種後の副反応（副作用）として、注射部位の腫れや痛み、軽い発熱、倦怠感、筋肉痛が見られることがありますが、大体1～2

日でおさまります。

肺炎は、わが国の死因の第5位を占めており（2021年）、特に高齢者では主要な死因の1つになっています。高齢者では、平熱であったり、呼吸困難の少ない症状を示す肺炎もあります。介護職による日常の丁寧な観察が大切です。

▼日本人の死因順位（2021年）

順位	死因
1位	悪性新生物
2位	心疾患
3位	老衰
4位	脳血管疾患
5位	肺炎
6位	誤嚥性肺炎
7位	不慮の事故
8位	腎不全
9位	アルツハイマー病
10位	血管性及び詳細不明の認知症

厚生労働省（令和3年人口動態統計月報年計（概数）の概況）より

天気のよい日には外へ出て日光を浴びたり、散歩などの適度な運動をして基本的な体力をつけましょう。また、入浴などで身体を清潔に保つことも大切です。人混みはできるだけ避け、外出時にはマスクをしましょう。

4-5 結核

原因病原体：結核菌
感染経路：飛沫核による空気感染
保健所への届け出：必要
隔離の必要性：無（排菌している場合は必要）

症状と潜伏期間

感染後１～２か月でツベルクリン反応が陽性となり、その後から生涯にわたり感染者の 20 ～ 30％が発病します。発症までの期間には個人差があります。

初期症状は咳、痰、微熱、倦怠感など、風邪とよく似ています。風邪のような症状が２週間以上も続いたり、よくなったり悪くなったりを繰り返すときは、結核を疑います。悪化すると倦怠感が強くなり、息切れ、血痰、呼吸困難といった症状が起こります。

結核菌は肺だけでなく、他の臓器でも増殖します（肺外結核）。おかされる臓器としてはリンパ節が最も多く、背骨がおかされる脊椎カリエス、腎臓がおかされる腎結核のほか、喉頭、腸、腹膜、眼や耳、皮膚、生殖器がおかされることもあります。

排菌（咳や痰に混ざり、菌が空気中に吐き出される）している場合や、症状が悪化しているときは入院が必要です。発病しても、排菌していない場合は、他の人へ感染を拡げることはありませんので、通院での治療が可能です。

結核の可能性がある人には、マスクを着用してもらい、飛沫の飛散を防ぎます。集団行動は避け、入院までの間は個室にいてもらいましょう。

▼結核が発病するシステム

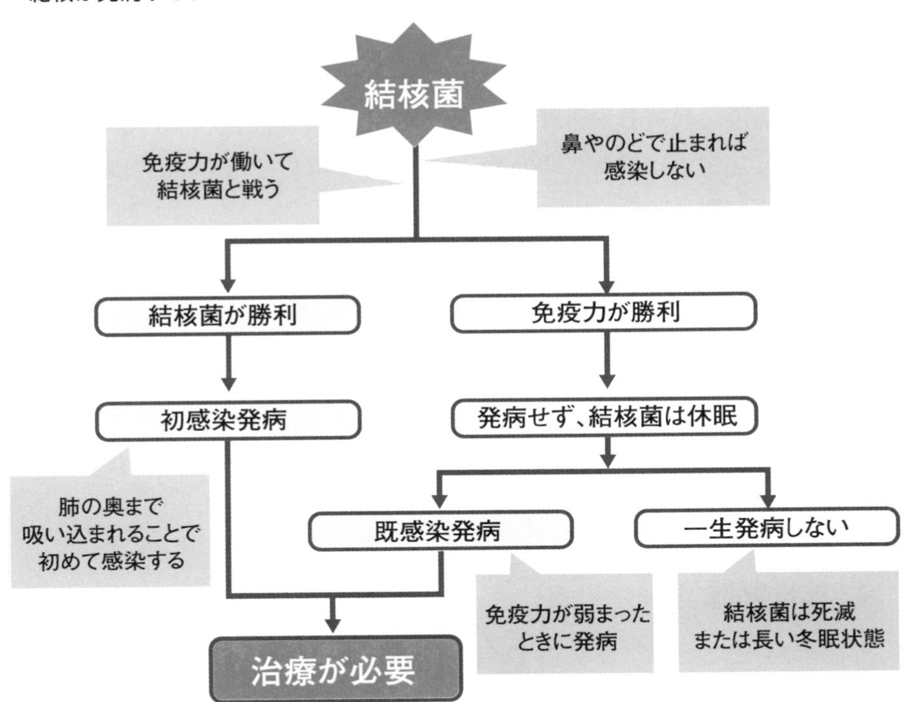

対応・治療

治療は薬物療法が中心です。服用期間は6か月程度ですが、病状によって変わります。治療中は、自己判断で服用を止めてしまうことのないよう、医師の指示を守りましょう。症状がなくなったからと勝手に服用を止めてしまうと、結核菌が抵抗力をつけ、多剤耐性菌になる可能性があります。

治療には、**感染症法による治療費補助**があります。公費の負担額は、条件によって異なりますので、保健所や医療機関、自治体の担当窓口で確認してください。

予防

抵抗力があれば、発症には至りません。免疫力が弱っているときに発病しやすくなるので、高齢者や療養中の人など、抵抗力のない人は注意が必要です。規則正しい生活、バランスのよい食事、十分な睡眠を心がけ、疲れをためないようにしましょう。

BCGは、子どもの結核予防に有効ですが、成人に対する効果はあまり期待できません。

周囲へ感染を拡げないためには、早期発見、早期治療が重要です。風邪のような症状が続いたら早めに受診しましょう。

結核は、大部分が肺結核ですが、肺以外の臓器に影響することもあります。

▼肺以外の結核

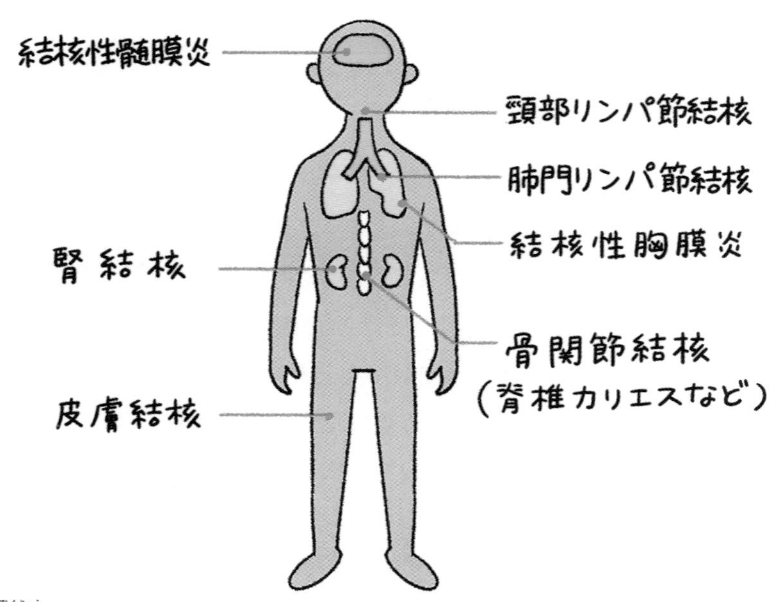

※粟粒（ぞくりゅう）結核：結核菌が血流に乗って運ばれ、多数の臓器に結核性病変が現れる。

4-6 レジオネラ症

原因病原体：レジオネラ菌
感染経路：空気感染
保健所への届け出：必要
隔離の必要性：無

レジオネラ菌とは

レジオネラ菌は、人工的な水利用の設備（温かく栄養分のある水が循環する設備内で、壁や底面、配管内部のヌルヌルした部分）で生息しています。

具体的には、浴室やエアコンの室外機、冷却塔など空調用冷却塔水、循環式浴槽（24 時間風呂、温泉施設、ジェットバス）、循環式給湯設備、家庭用加湿器、修景施設（人工の滝、噴水）などです。過去に集団発生し、多数の死者も出ている危険な感染症です。水まわりの環境整備、管理に十分注意しましょう。

症状と潜伏期間

レジオネラ菌は、レジオネラ肺炎とポンティアック熱を引き起こします。レジオネラ肺炎の潜伏期間は 2 ～ 12 日、ポンティアック熱は、感染後 1 ～ 2 日で発症します。

レジオネラ肺炎の初期症状は風邪に似ています。食欲不振、倦怠感、筋肉痛、頭痛などに続き、同日中に発熱します。咳、下痢、悪心、嘔吐、腹痛などが起こり、やがて肺炎の症状に進行します。悪化すると胸水がたまり、呼吸不全に陥ります。レジオネラ肺炎は進行が早いので、早期診断、早期治療が必要です。

ポンティアック熱は、肺炎を合併せず、死亡することもありません。通常、発熱、悪寒などの症状が起こりますが、1週間ほどで自然に治癒します。

対応・治療

抗生物質を投与します。レジオネラ肺炎は、悪化して死亡することがあるため、重症化を防ぐ治療が重要になります。

予防

健康な成人が発症することはまれで、子どもや高齢者、入院患者など、免疫力が低下している人や糖尿病や呼吸器疾患など持病のある人がかかりやすい感染症です。ワクチンはありません。

レジオネラ菌は熱に弱いので、高温で掃除をすることは有効です。浴槽のお湯の塩素濃度を上げる、浴室を塩素で消毒する、浴槽の残り湯はためっぱなしにしないなど、レジオネラ菌に汚染されやすい施設を清潔に保ち、管理を徹底することが大切です。

▼レジオネラ菌が好む環境

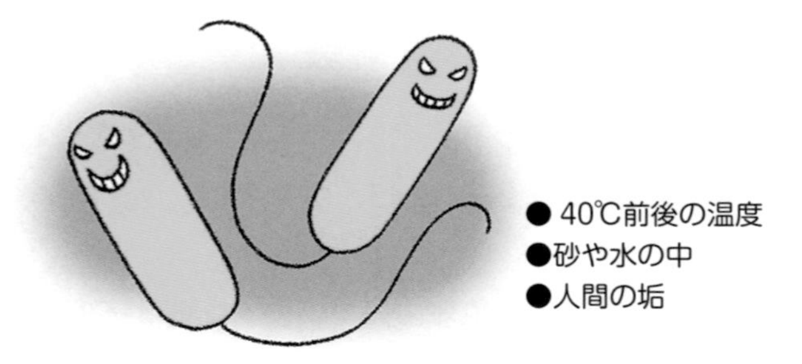

4-7 疥癬

原因病原体：ヒゼンダニ
感染経路：接触感染
保健所への届け出：不要（入院患者の場合は必要）
隔離の必要性：通常疥癬は無（同室での就寝は避ける）、角化型疥癬は有

ヒゼンダニとは

疥癬は、**ヒゼンダニ**という小さなダニが人間の皮膚に寄生して起こる皮膚感染症で、強いかゆみを伴います。なお、ヒゼンダニは、蚊やノミのように人を刺したり、血を吸ったりすることはありません。

感染したヒゼンダニは、首や手のひら、指の間、脇の下、足首など、皮膚の角質にトンネルを掘り（疥癬トンネル）、その中に卵を産みます。卵は3～4日でかえり幼虫となり、10～14日で成虫になります。

ヒゼンダニは高熱や乾燥に弱く、**50℃以上の環境に10分間以上いると死滅**します。ヒゼンダニは人から人へうつります。人体から離れたヒゼンダニは生きていくことができません。**人体から離れて衣類や器具についたヒゼンダニは、24時間ぐらいで死滅**します。

通常疥癬のほかに、感染力がとても強い、**角化型（ノルウェー）疥癬**があります。

症状と潜伏期間

潜伏期間は、通常疥癬がおおむね1～2か月、角化型疥癬は4～5日です。角化型疥癬患者から感染した場合も、最初は通常疥癬として発症します。皮膚からはがれ落ちた角質に、生きているヒゼンダニが付着していることがあ

り、これも感染源となります。感染経路は、皮膚に直接触れることによる場合と、汚染した衣類や布団などによる場合があります。血圧計のマンシェットなどを介してうつることもあります。

通常疥癬は、赤いブツブツ（丘疹（きゅうしん）、結節）、疥癬トンネル、強いかゆみ（特に夜間）が起こります。顔や頭を除く全身に症状が出ます。

角化型疥癬は、灰色や黄白色の角質が厚くなったものが、顔や手足、爪、臀部（でんぶ）など身体のさまざまなところに見られます。かゆみの程度は不定です。

▼通常疥癬と角化型疥癬の比較

	通常疥癬（普通に見られる疥癬）	角化型疥癬（ノルウェー疥癬）
ヒゼンダニの数	数十匹以下	100万～200万匹
罹患者の免疫力（病気一般に対する抵抗力）	正常	低下
感染力	弱い	強い
おもな症状	赤いブツブツ（丘疹、結節）、疥癬トンネル	角質が増殖し、厚い垢のようになる
かゆみの程度	強い	不定
症状が出る部位	頭や顔を除く全身	全身

対応・治療

ヒゼンダニを殺すことを目的として塗り薬、または飲み薬が処方されます。塗り薬は塗り残しがないように、医師の指示に従い丁寧に塗りましょう。他に、かゆみに対しては、かゆみ止めの薬を飲みます。

入浴や清拭で体を清潔にすることが治癒を早めます。使用後のタオルは熱湯をかけるか乾燥機を使用し、浴槽や散髪用のハサミは熱湯消毒します。カミソリは本人専用か、使い捨てのものを使いましょう。

通常の疥癬と、角化型疥癬では感染力が違うため、対応の仕方が異なります。角化型に対しては、十分な注意が必要です。

通常疥癬は、2週間程度で症状が軽くなり、1か月程度で治まります。角化型の場合は、高齢者では長期化することがありますが、おおむね2か月くらいで終息します。一度疥癬にかかると、いつまでもかゆみの感覚が消えないことがあります。治癒後も、医療機関で定期的に皮膚のチェックを受けてください。

▼通常疥癬と角化型疥癬への対応

	通常疥癬	角化型疥癬
予防衣	長時間、肌と肌が接する場合は、エプロン、手袋を着用	使い捨てのガウン、手袋、マスクを着用し、入室時には履物を変える。予防衣は使い捨てとし再利用はしない。使用後は、落屑が飛び散らないようにはずし、ビニール袋に入れて廃棄する
環境整備	平常の方法で行う。殺虫剤は不要	落屑がないよう掃除機で念入りに行う。マットレスは、掃除機、または粘着式ロールクリーナーで掃除する。隔離の開始時と終了時に殺虫剤を使用する。トイレや車椅子などは専用とする
洗濯	通常の洗濯で可	50℃以上の湯に10分以上浸して洗濯する。他の洗濯物と分ける
入浴（肌を清潔にするため積極的に行う）	スポンジやタオルなどの共有は禁	入浴は最後とし、飛び散らないように気をつけながら角質をこすり落とす。終了後、脱衣室に殺虫剤を使用する

予防

通常疥癬ではあまり神経質になる必要はありませんが、**角化型疥癬は感染力が強いため、集団感染のおそれがあります**。感染しないよう、また、感染を拡大させないよう、手洗いや予防衣の着用、掃除を徹底します。

感染者の皮膚や、感染者がふれたものにさわるときは、ゴム手袋をつけます。ただし、皮膚などに直接ふれても、すぐに流水と石けんで洗えば大丈夫です。介護者の皮膚に傷があると感染しやすくなります。手のひび割れや切り傷などに注意しましょう。

▼ヒゼンダニのライフサイクル

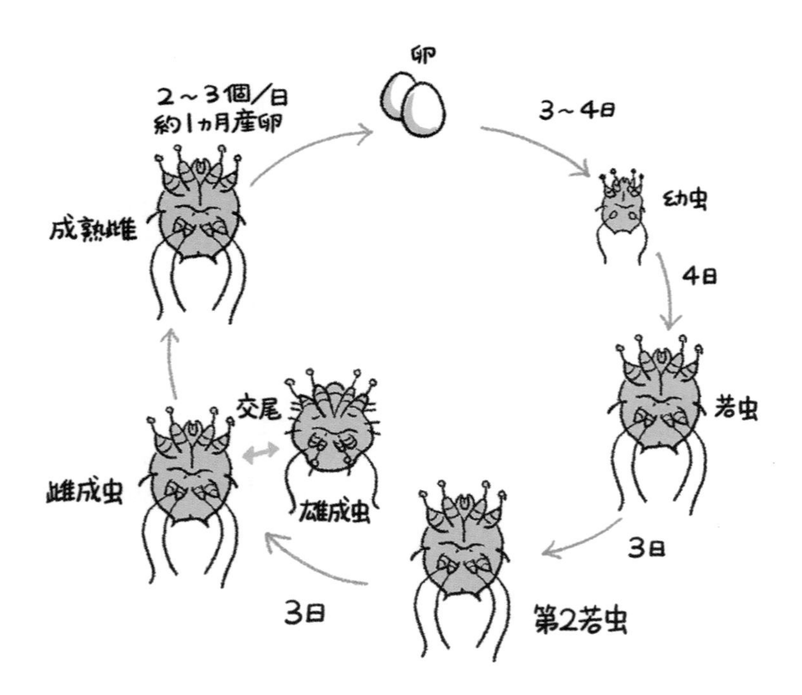

4-8 緑膿菌感染症

原因病原体：緑膿菌
感染経路：接触感染
保健所への届け出：必要
隔離の必要性：無

緑膿菌とは

緑膿菌は、自然界では淡水や土壌、生活環境では台所や洗面台、浴室などの水まわり、さらに人の皮膚や消化管内と、幅広く生息している細菌です。

通常は感染力が弱く病原性を示さないのですが、抵抗力、感染防御機能が低下した人の呼吸器、消化管、皮膚（傷）などに感染を起こします。

緑膿菌は多くの抗生物質に耐性があるので、感染症にかかると治療が難しく、特に、抗緑膿菌薬に耐性を持った多剤耐性緑膿菌に注意が必要です。

症状と潜伏期間

潜伏期間は不明です。発熱、悪寒、頻呼吸、頻脈などが出現し、呼吸器感染症、創部感染症、皮膚・軟部組織感染症、扁桃炎、腎盂・腎炎、複雑性尿路感染症、髄膜炎、心内膜炎など、さまざまな感染症を引き起こし、重症化する危険性もあります。

対応・治療

症状に応じて治療は異なります。多くの抗生物質（抗菌薬）が効かないので、薬の選択には注意が必要です。留置カテーテルが原因の場合は、カテーテルの抜去や入れ替えを行います。

予防

湿潤環境（濡れたり湿っている場所）を好むため、ふだんから浴室、洗面所、流し台などの掃除、消毒を行い、乾燥状態を保つようにします。感染しやすい人の近くや掃除の行き届かない場所には、植木鉢や花びんなどは置かないようにしましょう。

人工呼吸器や喀痰用のチューブなど、医療器材の汚染に注意することも大切です。

感染拡大しないよう、手洗いを徹底し、必要に応じて使い捨て手袋を使用します。栄養バランスのとれた食事と十分な休養をとり、体調管理に努めましょう。また、菌が手指に付着していると、感染を媒介してしまうことになります。流水による手洗いをしっかりと行いましょう。

緑膿菌は湿っている環境を好みます。

4-9 足白癬（水虫）

原因病原体：皮膚糸状菌（白癬菌）
感染経路：接触感染
保健所への届け出：不要
隔離の必要性：無

白癬とは

真菌が病原体となる真菌感染症にはさまざまなものがあり（第１章参照）、白癬もその１つです。白癬は発生する部位によって、頭部白癬、体部白癬、股部白癬、足白癬、爪白癬などがあり、しらくも、たむし、水虫などと呼ばれています。

ここでは足白癬（水虫）に絞って紹介します。

症状と潜伏期間

潜伏期間は不明です。足の指の間が赤く腫れる、皮膚が白くふやける、ただれる、かゆみを生じる、足の裏や土ふまずに赤い水疱がいくつもできる、足の裏全体の角質層が厚く、硬くなり、ひび割れを起こすなど、症状はさまざまです。他に、足の水虫から爪にうつり、爪水虫を起こすこともあります。

対応・治療

新陳代謝で新しい皮膚ができるまでに、１か月程度かかります。足を清潔にしてよく乾燥させ、塗り薬で治療します。飲み薬が処方される場合もあります。

人にうつしてしまうことがよくあるので、自己判断で市販の薬に頼らず、皮膚科を受診し完治させることが大事です。

予防

白癬菌は高温多湿な環境を好み、温度26℃前後、湿度70%以上のとき、最も増殖します。浴室や洗面所などは、換気や乾燥を心がけ、清潔な環境を保ちましょう。バスマットやスリッパ、タオルの共有は避けます。

白癬菌は、24時間以内であれば洗い流すことで死滅させることができます。毎日、石けんでしっかりと足を洗うと効果的です。入浴介助や訪問などで、感染の可能性がある場合は、帰宅後、必ず足を洗い、乾燥、清潔を保ちましょう。

足が蒸れないように、通気性のよい靴を選ぶ、ローテーションで何足かをはき分けるなども、予防として有効です。

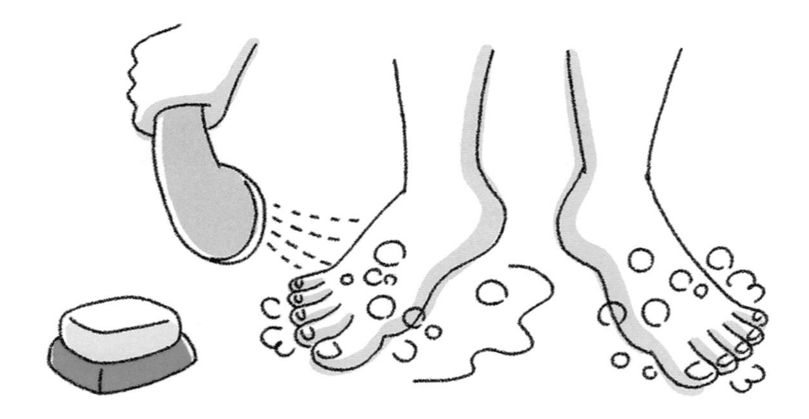

白癬菌の感染予防には、毎日、石けんでしっかり足を洗うと効果があります。洗った後の足はよく乾かしましょう。

4-10 腸管出血性大腸菌感染症（O-157など）

原因病原体：腸管出血性大腸菌
感染経路：経口感染・接触感染
保健所への届け出：必要
隔離の必要性：無

腸管出血性大腸菌とは

大腸菌は人や動物の腸管内に存在し、ほとんどのものは無害ですが、病気の原因となるものを病原性大腸菌といいます。病原性大腸菌の中で、毒素を産生し、出血を伴う下痢を起こす特殊な型の菌が腸管出血性大腸菌で、O-157、O-26、O-111などがあります。

腸管出血性大腸菌が産生する毒性は、ベロ毒素といい、赤痢菌と似た構造を持つ、非常に毒性の強い菌です。ベロ毒素は、大腸、腎臓、脳を標的とし、出血性大腸炎だけでなく、溶血性尿毒症症候群（HUS）、脳症を引き起こすこともあります。

症状と潜伏期間

潜伏期間は3～5日です。感染していても症状の出ない人もいて「無症状病原体保有者（保菌者）」と呼ばれます。

無症状や、軽い腹痛、下痢で終わる場合もあれば、激しい腹痛を伴う水様便や血便が起こることもあります。激しい腹痛と血便がある場合は、数日後に重症合併症を起こす可能性が高いので、注意が必要です。

HUSを合併すると、尿量減少、むくみ、意識障害などの症状が現れ、貧血、血小板の減少、腎機能障害を起こします。脳症は、HUSと前後して発症することが多く、頭痛や幻覚の後、痙攣、昏睡などが起こります。

対応・治療

下痢がある場合は安静にし、脱水症状に気をつけ水分補給を行います。食事は消化しやすいものにします。**毒素の排出を妨げる原因になるので、市販の下痢止めや痛み止めを使用してはいけません。**医師の指示を受けましょう。症状に応じて、抗菌薬などが処方されます。

施設内で感染者が発生した場合は、二次感染を防ぐことが大切です。

便の検査

同じ飲食物を口にした他の人にも感染している可能性があるので、症状がなくても、周囲の人の便検査が行われることがあります。

調理従事者の対応

保菌者は無症状でも、便の検査で菌が陰性になるまでの間は、飲食物の製造や飲食物に直接接触する業務につくことは、感染症法で制限されています。自然に菌が陰性化することもありますが、継続して便の検査を受け、菌が便中にいなくなったかどうかを確認しなければなりません。調理担当者や配膳担当者は、菌がなくなるまで、一時的に業務から離れるようにします。

手袋と手洗い

感染拡大を予防するために、トイレの後や食事の前、排泄物の処理後には必ず流水で手を洗い、擦式消毒用アルコールで手指の消毒を行います。

また、オムツ交換など、便にふれる可能性があるときは手袋を着用し、手袋をはずした後も手を洗います。

消毒

トイレや洗面所、ドアノブ、スイッチ、壁など、手指がふれることにより汚染される場所を消毒用アルコールで清拭します。塩素系消毒薬も有効です。

まわりに残った菌で再感染してしまうこともあるので、消毒はしっかりと行いましょう。

下着、衣服、リネンなどの扱い

便で汚れた下着や衣服、リネンは、次亜塩素酸ナトリウムやベンザルコニウム塩化物に30分間浸漬し、洗濯します。他の洗濯物とは分けて行ってください。天日でよく乾かすことも大切です。また、洗濯作業の際は、手袋を着用しましょう。

入浴の際の注意

菌は微量でも感染は拡がります。下痢がある場合は、入浴は避けるか、最後に入るようにしましょう。

できるだけ浴槽には入らず、シャワーまたはかけ湯を行います。他の人と一緒の入浴は絶対に避け、タオルを共有してはいけません。

▼二次感染を防ぐために

便で汚れた下着などは、他のものとは分けて洗います。よく日に当てて、しっかり乾かしましょう。

トイレは便器だけでなく、ドアノブや水洗レバーなど、手でよくふれるところの清拭も忘れずに。

予防

腸管出血性大腸菌は、もともとは牛の腸の中にあり、牛の糞から汚染が拡がったと考えられています。牛レバー刺し、ハンバーグ、ステーキ、ローストビーフなど、牛肉を食材とした食べ物の他、井戸水やレタス、リンゴジュースなどが原因食品となった感染事例もあります。

腸管出血性大腸菌を含む水や食品を食べることで感染するだけでなく、トイレや風呂、プールを介したり、動物との接触で感染することもあります。また、感染者の排泄物を処理した後の手洗いが不十分だと、手指に菌が残り、感染が拡がります。

他の食中毒と同様、原因菌を「つけない」「増やさない」「殺菌する」ことが大切です。

調理の際の注意

- 調理の前、生肉にふれた後には手を洗います。
- 中心部までよく加熱します（75℃で1分間以上）。特に、牛肉、レバーなどの牛内臓を調理するときは注意します。
- 肉を焼くときの取り箸やトングは専用にします。
- 生肉を扱った調理器具は、使用後、すぐに洗剤で洗い、熱湯で消毒してから、他の調理に使います。
- 野菜は流水でよく洗います。レタスなどそのまま食べる場合は1枚ずつ葉をはがし、十分に洗いましょう。

食事の際の注意

- 食事の前には手を洗います。
- 肉の生食を避けます。特に高齢者は重篤な症状になりやすいので、生や加熱が不十分な牛内臓（レバーなど）、牛肉はできるだけ食べないようにします。
- 調理した食品は、できるだけすぐに食べます。
- 食器、調理器具、ふきんなどは、流水でよく洗浄し、熱湯で消毒します。

動物

- 動物とふれ合った後は、石けんを使用して手をよく洗います。
- 動物の糞便をさわってはいけません。
- 過剰なふれ合いは避けます。
- 動物とふれ合う場所で、飲食をしないようにします。

▼感染を予防するために

・生肉にふれた箸で他の食材にふれてはいけません。
・肉類はしっかり火を通します。
・肉を切った後のまな板や包丁は洗剤で洗い、熱湯をかけて消毒します。

Column

腸管出血性大腸菌はヒトからうつる？

　腸管出血性大腸菌は、空気感染をするものではありません。飲食物を介した経口感染なので、話をしたり、咳・くしゃみ・汗などでは感染しません。ヒトからヒトへの感染を予防する基本は手洗いです。排便後、食事の前、下痢をしている子どもや高齢者の排泄物の世話をした後などは、石けんと流水で十分に手洗いをしましょう。

4-11 ノロウイルス

原因病原体：ノロウイルス
感染経路：経口感染・接触感染・空気感染
保健所への届け出：必要
隔離の必要性：無

ノロウイルスとは

ノロウイルスは、冬季に多発する感染力の強いウイルスです。微量で感染し、小腸内で増殖します。

ノロウイルスの感染が、食べ物を介した場合は**ウイルス性食中毒**となり、人から人へ感染した場合は**感染性胃腸炎**となります。幅広い年齢層で感染しますが、予防薬やワクチンがなく、抵抗力の弱い子どもや高齢者では重症化することがあります。

ノロウイルスは人以外には感染せず、人の腸内でのみ繁殖します。感染者の便に含まれるノロウイルスが下水から河川、海に流入し、その海水で養殖したカキなど二枚貝の中に蓄積します。また、貝以外の、汚染された他の食品や水からも感染します。ノロウイルスは熱に強く、エタノールなど消毒用アルコールに対して抵抗性があります。

感染経路

人→人、食べ物→人、人→食べ物→人など、いくつかの感染ルートがあります。

▼ノロウイルスの感染経路

経路 1	ウイルスに汚染された水や食品（カキなど）を、十分に加熱しないで食べる
経路 2	感染した人が調理した食品を食べる。ウイルスが付着した手指を介して感染が拡がる
経路 3	ウイルスを含む嘔吐物や便が手指に付着し、口から取り込まれる。感染者がふれた場所にふれることで感染することもある
経路 4	ウイルスを含む嘔吐物や便が乾燥して舞い上がり、空気を介して経口感染する

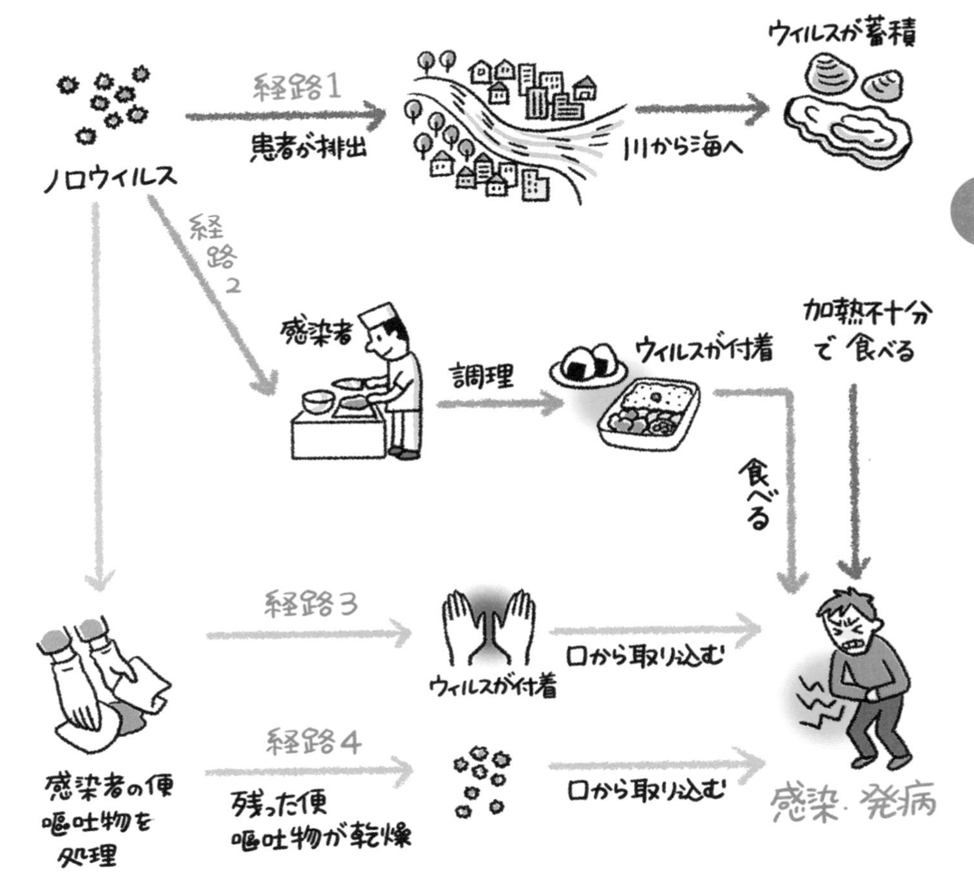

症状と潜伏期間

潜伏期間は 24 ～ 48 時間です。おもな症状は、吐き気、嘔吐、下痢、腹痛、発熱（38℃以下）などです。風邪のような症状で終わることもあり、健康な成人は 3 日程度で回復しますが、症状が治まった後も、2 ～ 3 週間、ウイルスの排出は続きます。

下痢が続くと脱水症状を起こしたり、嘔吐物をのどに詰まらせたりすることがあるので、高齢者は注意が必要です。

対応・治療

症状を和らげるための対症療法を行います。嘔吐や下痢が続く場合は、脱水症状に気をつけ、水分補給を十分に行います。市販の下痢止めは使用せず医療機関を受診しましょう。アルコール消毒はほとんど効果がありません。感染が拡大しないよう、以下のような処理を適切に行います。

嘔吐物の処理

汚染場所には、関係者以外近づかないようにします。処理時には、窓を大きく開けて換気し、使い捨て手袋、マスク、エプロンを着用します。

嘔吐物はペーパータオルなどで外側から内側に向けて、静かに拭き取ります。使用済みのペーパータオルは、ビニール袋に次亜塩素酸ナトリウムとともに入れて密閉します。

嘔吐物が付着した床とその周辺は、次亜塩素酸ナトリウムをしみ込ませた布やペーパータオルで 10 ～ 20 分程度おおい、念入りに拭きます。飛び散っている可能性がありますので、広い範囲を拭くようにします。

使用した手袋、マスク、エプロンは、付着物が飛び散らないように（表面を包み込むように）はずし、ペーパータオルと同じように処理し、流水で手洗いを行います。

▼嘔吐物の処理

①処理をする人は手袋、マスク、エプロンを着用します。

②嘔吐物をペーパータオルなどで外側から内側に寄せて静かにぬぐい取ります。汚染を拡げないよう注意します。

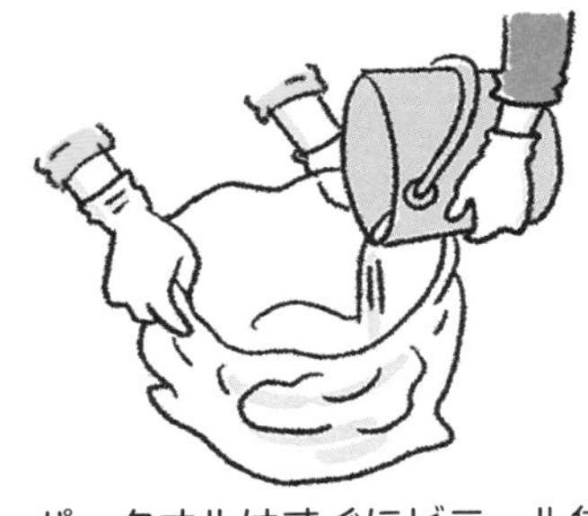

③ペーパータオルはすぐにビニール袋に入れ、次亜塩素酸ナトリウムを注いで密封し、処分します。

④嘔吐物が付着していた床とその周辺を、次亜塩素酸ナトリウムをしみ込ませたペーパータオルでおおい、10～20分したら拭き取ります。その後水拭きします。

⑤使用した着衣は、できれば廃棄します。

⑥嘔吐物が飛び散らないように注意して手袋をはずし、手洗いをします。手袋も③のようにして廃棄します。

オムツ交換

オムツ交換は使い捨て手袋を着用し、ケアごとに交換します。使用後のオムツは、ビニール袋に次亜塩素酸ナトリウムとともに入れて密閉します。

リネン類の消毒と保管

汚物がついたリネンを取り扱うときには、使い捨ての手袋、マスク、エプロンを着用します。

汚物を十分に落とした後、**次亜塩素酸ナトリウムに30分以上浸す**か、**85℃で1分間以上熱湯消毒**し、他のものとは分けて洗濯します。

保管場所は湿気がこもらないよう換気に気をつけ、定期的に掃除を行ってください。また、使用前後のリネンが混ざらないようにします。

施設内の消毒

蛇口、壁、手すり、ドアノブ、スイッチ、車椅子の押し手など、施設内で多くの人の手がふれる場所は、ウイルスが付着している可能性があるので消毒をします。次亜塩素酸ナトリウムを布やペーパータオルなどにしみ込ませて拭き、10分後に水拭きします。

入浴

下痢などの症状がある人は、最後に入浴しましょう。入浴前には、十分身体を洗います。使用後は、浴室、浴槽の掃除をしっかり行います。

予防

他の食中毒と同様、**ウイルスを「つけない」「増やさない」「殺菌する」**ことが大切です。

介護者や調理担当者がノロウイルスに感染すると、高齢者へ感染を拡げてしまうことになります。感染が疑われるとき、体調が悪いとき、家族に感染者が出たときなどは、勤務を休みましょう。

　また、ふだんから、生ものは避け、加熱調理したものを食べるようにしましょう。手洗いの徹底も大切です。

殺菌する

　カキや二枚貝は、中心部が1分以上85℃以上になるようしっかりと加熱します。生の野菜や果物は、しっかりと流水で洗ってから使用してください。

　また、調理器具やリネンなどは、85℃で1分間以上の熱湯消毒を行うか、スチームアイロン、布団乾燥機などを使用して殺菌します。

汚染防止

　調理担当者が感染源とならないよう調理の前後や配膳前、トイレに行った後などには、必ずしっかりと手を洗いましょう。盛り付け時には、使い捨て手袋を着用します。

　また、下痢や嘔吐がある場合は、食品や食器にふれる作業からはずれましょう。

▼感染を予防するために

カキや二枚貝は、中心部が85℃で1分以上になるようしっかりと加熱します。

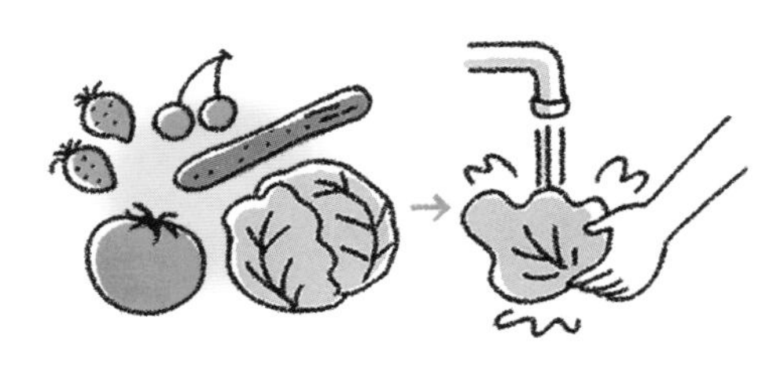

生の野菜や果物は、しっかりと流水で洗ってから使用してください。

4-12 食中毒

原因病原体：食べ物に付着した細菌や、微生物によって作られた毒素、動植物由来の毒素
感染経路：経口感染
保健所への届け出：必要
隔離の必要性：無

病原体と生息場所

食中毒の原因となる病原体はさまざまで、1年中発生する可能性がある感染症です。細菌、ウイルスだけでなく、カビや食べ物に寄生する虫が原因となることもあります。

▼食中毒を起こすおもな病原体

種類	おもな病原体
細菌	サルモネラ菌、カンピロバクター、腸炎ビブリオ、腸管出血性大腸菌（O-157・O-111など）、黄色ブドウ球菌、ウェルシュ菌、セレウス菌、ボツリヌス菌など
ウイルス	ノロウイルス、A型肝炎ウイルスなど
真菌（カビ）	アフラトキシン、デオキシニバレノールなど
原虫	アニサキス、クドア、ザルコシスティス・フェアリーなど
自然毒	動物毒（ふぐ、毒化した貝など）、植物毒（毒キノコ、発芽したジャガイモ、アジサイなど）
化学物質	ヒスタミン、ヒ素、残留農薬、重金属など

症状と潜伏期間

感染してから発症するまでの時間は、病原体によって異なりますが、2～3時間から2～3日中に起こることが多く、比較的短時間で発症します。

症状は、腹痛、吐き気、嘔吐、水様の下痢、発熱（高熱）、倦怠感などです。

健康な成人は短期間で回復することが多いのですが、高齢者や子どもなど抵抗力が弱い人の場合、脱水症状を起こしたり、重症化してしまうことがあります。

対応・治療

原因や病状によって抗生物質や対症療法の薬が処方されます。脱水症状を防ぐために、スポーツドリンクなどで水分補給を十分に行います。細菌や毒素を排出することが大切なので、安易に市販の下痢止めを服用してはいけません。医療機関を受診しましょう。

予防

手洗いを徹底しましょう。感染を防ぐとともに、感染を媒介してしまう可能性を低減できます。万一、感染しても、体力、抵抗力があれば、軽症で治癒できます。日頃から栄養バランスのよい食事を心がけ、十分な休養をとり、体調管理に気をつけます。

食中毒予防の原則は、細菌などの病原体を食べ物に「つけない」、食べ物に付着した病原体を「増やさない」、「殺菌する」です。

①つけない

手洗いの実行が何よりも大切です。調理の前後、調理中（特に卵や肉、魚を取り扱う前後）、トイレに行った後、食事の前、動物にさわった後、オムツ交換や排泄物の処理をした後など、こまめな手洗いを徹底しましょう。

また、調理器具（鍋・包丁・まな板・菜ばしなど）は使用後によく洗い、熱湯で消毒、乾燥させます。肉を切った包丁で、野菜など別の食材を切ることのないようにしてください。

②増やさない

細菌の多くは、10℃以下で増殖が遅くなり、またマイナス 15℃以下で増殖が停止するので、冷蔵庫、冷凍庫での保存が大切です。肉や魚、卵などの生鮮食品は、購入後、速やかに冷蔵庫に入れてください。

ただし、冷蔵庫に入れても病原体が消えるわけではありません。消費期限内に必ず使い切りましょう。

③殺菌する

できるだけ、加熱したものを食べるようにします。多くの細菌やウイルスは、加熱によって死滅します。

加熱は十分に行います。特に、肉料理は、生の部分が残らないよう、中心部の温度が 75℃で 1 分以上、しっかりと加熱します。

購入・保存時の予防

- 生鮮食品は、新鮮なものを購入します。購入後は速やかに冷蔵庫や冷凍庫に入れましょう。
- 肉や魚は、肉汁などの水分が他にもれないように、パックごとビニール袋に入れて持ち帰ります。保存もビニール袋や密閉容器に入れ、他の食品と接しないようにしましょう。
- 食品を冷蔵庫や冷凍庫に詰め込みすぎないようにしましょう。
- 冷蔵庫の中は定期的に掃除します。また、庫内の温度（冷蔵 10℃・冷凍－15℃）に気をつけましょう。

▼冷蔵庫内の温度

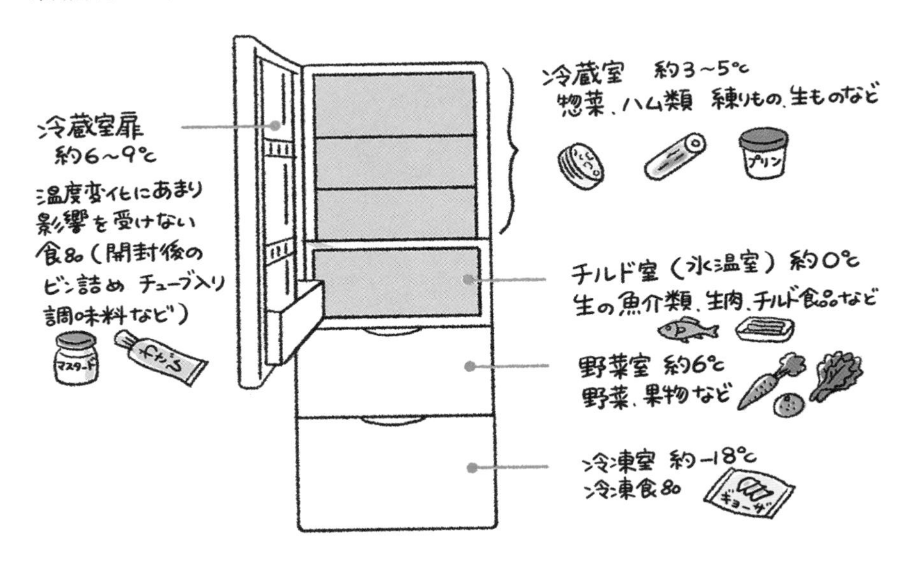

調理時の予防

- 魚、野菜は、しっかり洗ってから調理します。
- 調理中は、肉や魚の汁が他の食べ物にかからないように気をつけます。特に、サラダや果物など、生で口にするものに接しないよう、分けて置きましょう。
- 冷凍食品は、使用分だけを解凍します。解凍と冷凍を繰り返さないようにしましょう。
- 残りものを温め直すときは、十分に加熱しましょう。
- 消費期限、賞味期限を厳守し、カビが生えた食品は食べてはいけません。

食事時の予防

- 宅配食やお弁当は早めに食べます。
- 食器や調理器具は、使用後すぐに洗浄します。長時間水に浸しておくことは細菌が繁殖する原因になります。
- 食器、調理器具、ふきん、スポンジなどは、よく洗い消毒します。熱湯をかける、煮沸、漂白剤に浸け置くなどが効果的です。

▼調理器具の消毒

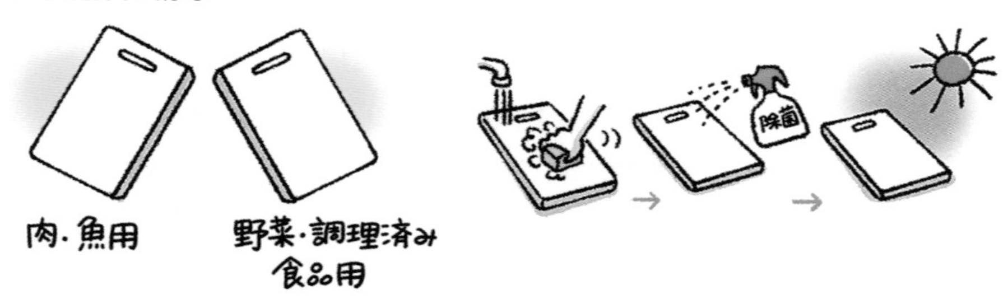

まな板は「肉・魚用」と「野菜・調理済み食品用」の2枚以上用意します。洗剤で洗い、よくすすいで殺菌します。その後よく乾燥させます。

ふきんは乾燥させたものを何枚も用意して、常に清潔なものを使用します。

Column

その植物、有毒植物かも!?

　山菜や野菜などには、見た目がそっくりな有毒植物があり、区別するのが難しいものもたくさんあります。誤って有毒な植物を採って食べたことによる食中毒が毎年発生しています。よくわからない植物は、採ったり食べたりしないようにしましょう。

有毒植物	間違えやすい植物
スイセン	ニラ、ノビル、タマネギ
イヌサフラン	ギボウシ、ギョウジャニンニク、ジャガイモ、タマネギ
クワズイモ	サトイモ
チョウセンアサガオ	ゴボウ、オクラ、モロヘイヤ、アシタバ、ゴマ
トリカブト	ニリンソウ、モミジガサ

▼食中毒予防6つのポイント

簡単な予防方法をきちんと守れば食中毒は予防できます。食中毒予防のポイントは以下のとおりです。

ポイント1 食品の購入	生鮮食品は新鮮なものを購入し、消費期限などを確認しましょう
ポイント2 保存	食品は、肉汁や魚などの水分がもれないようにビニール袋などに分けて包み、保存します
	冷蔵や冷凍の必要な食品は、すぐに冷蔵庫や冷凍庫に入れましょう
	冷蔵庫や冷凍庫の詰めすぎに注意しましょう。目安は7割程度です
	冷蔵庫は10℃以下、冷凍庫は、－15℃以下に維持します。多くの細菌の増殖は、10℃でゆっくりとなり、－15℃で停止します。しかし、細菌が死ぬわけではありませんから、食材は早めに使い切るようにしましょう
ポイント3 準備	調理する環境を清潔に保ちます（ゴミ、ふきんなど）
	肉や魚などの汁が、果物やサラダなど生で食べるものや調理の済んだ食品にかからないようにしましょう
	包丁やまな板は、肉用、魚用、野菜用で使い分けます
ポイント4 調理	加熱する食品は十分に加熱しましょう。加熱を行うことで、殺菌することができます。目安は中心部の温度が75℃・1分間以上の加熱です
	電子レンジは、電子レンジ用の容器・ふたを使い、熱の伝わりにくいものは、時々かき混ぜます
ポイント5 食事	清潔な手で、清潔な器具を使い、清潔な食器に盛り付けましょう
	温かく食べる料理は常に温かく、冷やして食べる料理は常に冷たくしておきましょう。目安は温かい料理は65℃以上、冷たい料理は10℃以下です
	調理前の食品や調理後の食品は、室温に長く放置してはいけません
ポイント6 残った食品	残った食品を扱う前に手を洗います
	残った食品はきれいな器具、皿を使い、早く冷えるように浅い容器に小分けして保存しましょう
	残った食品を温め直すときも十分に加熱しましょう。目安は75℃以上です

4-13 A型肝炎

原因病原体：A型肝炎ウイルス（HAV）
感染経路：経口感染
保健所への届け出：必要
隔離の必要性：無

A型肝炎ウイルスとは

肝炎を起こすウイルスは、A、B、C、D、E型の5種類があります。血液検査で、原因ウイルスの特定が可能になります。

A型肝炎は、A型肝炎ウイルス（HAV）が飲食物によって体内に入ることで発症する急性肝炎です。A型肝炎ウイルスは、感染後肝細胞でのみ増殖し、胆汁、胆管を経由して便に排出されます。

症状と潜伏期間

3～8週間程度の潜伏期間後、発症します。感染しても、自覚症状がないまま経過する場合もあります。

発熱、倦怠感など風邪のような症状の後に、食欲不振、嘔吐、腹部不快感などの消化器症状が出現します。また、肝機能が低下するため黄疸が出て、眼球、皮膚の色が黄染します。

1～2週間で治癒するものから、数か月持続するものまでさまざまですが、慢性化はしません。

対応・治療

黄疸が認められると、入院し安静を保ちます。安静にすることで、肝血流の増加を促し、肝障害の治癒を促進させます。

基本的に、薬剤の投与はありません。急性期で、食欲不振や倦怠感が強い場合は点滴を行います。また、たんぱく質の摂取は、肝臓に負担をかけるので、たんぱく質を制限した食事になります。

ほとんどは自然治癒しますが、重症化、劇症化に移行する場合もあるので、丁寧な観察と早めの対応が必要です。

予防

- 飲食物にふれるとき（調理、食事前）や、排泄物の処理後には、必ず手洗いを行いましょう。自らの感染を防ぐとともに、二次感染の予防になります。
- HAV は耐熱性があるので、できるだけ高温で調理します。カキやハマグリなどの貝類は、90 ～ 100℃で５分程度加熱し、生鮮食品を調理した後の調理器具はしっかりと洗浄し、消毒を行ってください。
- A 型肝炎ワクチンを接種することで感染を予防できます。３回の接種で、数年間、予防効果が持続します。免疫グロブリンも効果がありますが、有効期間が短く数か月とされています。

カキやハマグリなどの貝類は90～100℃で5分程度加熱します。
生鮮食品を調理した後の調理器具はしっかりと洗浄し、消毒を行います。

4-14 B 型肝炎

原因病原体：B 型肝炎ウイルス（HBV）
感染経路：接触感染、血液感染
保健所への届け出：必要
隔離の必要性：無

病原体と感染経路

B 型肝炎は、B 型肝炎ウイルス（HBV）が血液や体液を介して感染することで起こります。HBV は DNA ウイルスで、あらゆる体液に存在しますが、感染源となるのは、血液、唾液、精液、膣分泌液です。

かつては、輸血や注射器など医療行為による感染が多く見られましたが、現在では、以下のような感染経路があります。

- 母親が持続感染者で、出産時に新生児に感染。
- 感染者との性的な接触により感染。
- 針刺し事故など血液を介する医療行為、入れ墨、ピアスの穴あけ、注射器の使い回しなどにより感染。
- カミソリや歯ブラシの共有による感染。

症状と潜伏期間

感染した時期や、感染したときの健康状態によって、一過性感染と持続感染に分けられ、一過性のものを急性 B 型肝炎、持続するものを慢性 B 型肝炎といいます。

急性肝炎は、45～180日間、平均60日程度の潜伏期間を経て発症します。慢性肝炎では、キャリア（ウイルス保有者）となってから数年～数十年後に発症します。

HBVが体内に入ると、リンパ球がウイルスを攻撃し、HBVに感染した肝細胞を壊すことで肝炎を発症します。

急性肝炎では、倦怠感、食欲不振、嘔吐、腹部不快感、褐色尿、黄疸などが見られます。ほとんどの場合、数週間で回復しますが、劇症肝炎と呼ばれる、強い肝炎が起こることもあります。逆に、自覚症状がないまま、ウイルスが排出される場合もあります。

慢性肝炎は自覚症状はほとんどありませんが、急性増悪と呼ばれる一過性の強い肝障害が起こると、急性肝炎と同様、倦怠感、食欲不振、褐色尿、黄疸などが現れます。慢性肝炎は、肝硬変、肝臓がんへ進行することがあるので、経過に注意が必要です。

▼B型肝炎ウイルス感染の経過

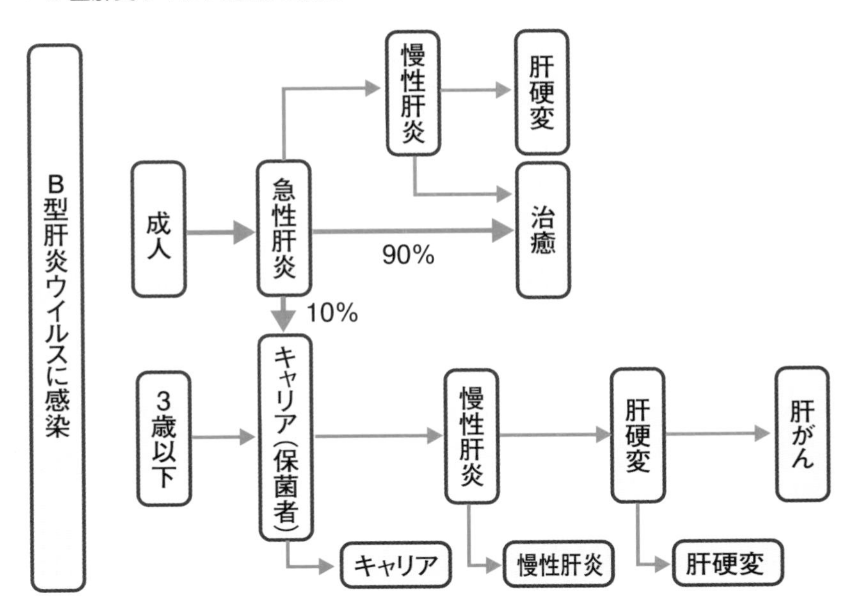

対応・治療

急性肝炎では、水分、栄養補給のための点滴が行われることがありますが、基本的には安静にし、ウイルスが自然に排除されるのを待ちます。劇症化した場合は、薬剤の投与のほか、血漿交換、血液透析などの治療を行います。

慢性肝炎では、抗ウイルス薬の投与を行います。抗ウイルス薬には、インターフェロン（注射）と核酸アナログ製剤（内服薬）があり、医療費助成があります。各都道府県の担当窓口に相談してください。

予防

- HBVは非常に感染力の強いウイルスです。細心の注意を払ってください。
- 痰、鼻水、膿などの分泌物や、尿、便などの排泄物には、血液が混ざっている可能性があるので、血液と同じように考えます。処理やケア時には、手袋を着用しましょう。素手で血液や体液にふれてしまった場合は、手指の洗浄および消毒を行います。
- HBV免疫グロブリン（HBIG）とB型肝炎ワクチンの接種が有効です。感染の可能性がある場合も、できるだけ早くHBIGを注射し、発症を抑えます。
- エタノールなどアルコール製剤での消毒は、ほとんど効果がありません。消毒が必要な場合は、次亜塩素酸ナトリウムを使用します。

検査

B型肝炎は、不特定多数の人の血液に接する機会が多いと感染のリスクが高まります。多くの自治体や保健所では、検査を無料で受けることができます。自分の健康状態に十分注意しつつ、異常を早期に発見し、適切な治療を受けることが大切です。

HBV感染の有無を調べるには、血液中のHBs抗原・抗体を検査します。抗原とは身体にとっての異物（この場合B型肝炎ウイルス）で、抗体とはその異物を排除しようと攻撃する物質です。なおHBVには、HBs抗原／抗体、HBe抗原／抗体、HBc抗原／抗体の3種類があります。

血液検査のほかに、HBVのウイルス量や肝炎を発症しているかどうかを調べる検査、慢性肝炎や肝硬変の人に対して、肝臓の組織を調べる肝生検があります。

▼ **HBV抗原・抗体検査結果の意味**

HBs抗原陽性（+）	HBVに感染している
HBs抗体陽性（+）	HBVに対する免疫ができている状態。発症して治癒した人、またはワクチンを接種したことのある人など、過去にHBVに感染したことがあることを意味する。HBVが体内に入ってきても、肝炎を発症することはない
HBe抗原陽性（+）	血液中にウイルスが多量にあることを示す。他者に感染させやすい状態
HBe抗体陽性（+）	ウイルスの活動が低下しており、他者への感染の可能性も低い状態
HBc抗体陽性（+）	HBVに感染したことがある

※ HBc抗原はHBVの内部にあり、そのままでは検出できないため、通常の検査では測定されません。

4-15 C型肝炎

原因病原体：C型肝炎ウイルス（HCV）
感染経路：接触感染、血液感染
保健所への届け出：必要
隔離の必要性：無

病原体と感染経路

C型肝炎ウイルス（HCV）が病原体となる肝炎で、国内での感染者数は150万人以上と推定されています。感染後、持続感染から慢性肝炎へと移行し、さらに肝硬変、肝細胞がんを発症することがあります。おもに血液を媒介として感染しますが、症例の半数は感染源がわかっていません。

輸血や血液製剤の投与、臓器移植、消毒が十分でない医療機器による医療行為、入れ墨、ピアスの穴あけ、麻薬の注射器などに感染の可能性があります。輸血や血液製剤などのチェックが不十分だったため多くの人がHCVに感染した「薬害肝炎」が起こっています。

症状と潜伏期間

2～14週間の潜伏期間ののち、急性肝炎を発症することがありますが、キャリア（ウイルス保有者）になり、自覚症状のないまま、数十年後に発症することもあります。

急激な変化は少なく、徐々に発症します。食欲不振、倦怠感、腹部不快感、嘔吐などが見られ、黄疸になることはあまりありません。

急性肝炎の60～80%が、キャリアになるか、慢性肝炎となります。さらに数十年後、肝硬変、肝細胞がんに進行します。

対応・治療

病気の型や進行状態によって治療は異なります。インターフェロンによる治療が最も一般的ですが、薬物投与には副作用があり、またウイルスの型によって期待できる効果が異なります。B型肝炎と同様、医療の助成制度があります。

予防

- 予防のためのワクチンはありません。感染予防のためには、人の血液や体液に直接ふれないことです。
- 痰、鼻水、膿などの分泌物や、尿、便などの排泄物には、血液が混ざっている可能性があるので、血液と同じように考えます。処理やケア時には、手袋を着用しましょう。
- 素手で、血液や体液にふれてしまった場合は、手指の洗浄および消毒を行います。
- 床などに血液がついた場合の消毒には、次亜塩素酸ナトリウムを使用します。エタノールなどアルコール製剤での消毒は、ほとんど効果がありません。
- ふだんから、健康診断や検査を受け、自分の健康状態を把握しておくことが大切です。

検査

肝がんの8割以上が、C型肝炎から発生したものといわれています。自覚症状がないまま進行することがあるので、定期的に検査を受けるなどの注意が必要です。

HCVに感染しているかどうかは、HCV抗体検査で調べます。HCV抗体が陽性（+）であれば、感染して現在も持続感染をしているか、感染後、治癒してウイルスがいない状態かのどちらかです。しかし、抗体は発病初期には検出されず、6～9か月間、陰性（−）の場合もあるので要注意です。

HCV抗体が陽性であれば、さらにHCV RNA検査を行い、血液中にHCVの遺伝子が検出されるかどうかを調べ、陽性であれば感染しているということになります。

　他に、ウイルスの種類やウイルスの量、肝臓の状態などを検査し、治療方針を決めていきます。

▼肝臓の位置

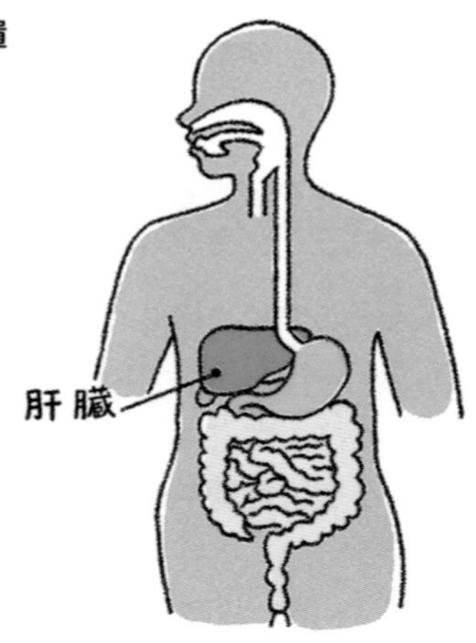

Column C型肝炎ウイルス検査受診の呼びかけ

　フィブリノゲン製剤は人の血液の成分を原料とした医薬品で、1988 年 6 月以前は止血などの目的で多くの医療機関で用いられていましたが、フィブリノゲン製剤の原料に混入した肝炎ウイルスを不活性化するための技術が十分でなかったことから、このフィブリノゲン製剤を投与された人は、されなかった人より肝炎ウイルスに感染している可能性が高いと考えられています。

　フィブリノゲン製剤は、1988 年 7 月以降は「やむを得ない場合に必要最小限量を使用すること」とされています。厚生労働省は、2004 年からフィブリノゲン製剤が納入された医療機関を公表して、C 型肝炎ウイルス検査の呼びかけを行っています。検査は、保健所、市町村、医療機関などで受けることができます。

　なお、C 型肝炎については、肝炎ウイルスの除去を図るインターフェロン療法や肝細胞の破壊のスピードを抑える肝庇護療法といった治療法が発展しつつあります。早期治療につなげるためにも、早期の検査受診が重要です。

4-16 後天性免疫不全症候群（AIDS）

原因病原体：ヒト免疫不全ウイルス（HIV）
感染経路：接触感染、血液感染
保健所への届け出：必要
隔離の必要性：無

AIDSとは

AIDS（エイズ）は、後天性免疫不全症候群（Acquired Immuno Deficiency Syndrome）の略称です。人間の体内の免疫システムが後天的に損傷を受け、外部からの病気、病原体を撃退できなくなったことによって起こるさまざまな症状という意味です。原因となるのはHIV（ヒト免疫不全ウイルス）と呼ばれるウイルスです。

病原体と感染経路

人間にはウイルスや細菌から身を守る免疫システムが備わっています。この免疫システムの司令塔の役割をはたしているのが白血球の中のリンパ球の一種であるヘルパーT細胞です。ヘルパーT細胞は体内の侵入者を発見すると他の免疫細胞に指令を出して攻撃を命じます。

HIVは熱や消毒に弱く、人の身体の中でなければ生きていけません。HIVは、ヘルパーT細胞に寄生し、増殖した後、この免疫細胞を攻撃して増殖、身体の防御機能を壊します。感染すると免疫力が低下し、健康なときには問題のない細菌やウイルスに感染しやすくなります（日和見感染）。

おもな感染経路としては、性行為による感染、血液による感染、母子感染があります。HIVは、血液や精液、膣分泌液、母乳に多く分泌されます。

唾液、涙、尿、便などによる感染はありません。

血液感染は、麻薬や覚せい剤などの回し打ちでのリスクが高く、通常の医療行為や輸血ではほとんど感染しません。

また、次のようなことでは感染しません。むやみに怖がらず、正しい知識を持つことが大切です。

- 汗、唾液、咳、くしゃみ（飛沫感染はしません）。
- つり革や手すりをさわる。
- 洗面台や風呂、トイレの共有。
- 食器の共有、コップの回し飲み。
- パソコンなど物品の共有。
- 蚊に刺される。

症状と潜伏期間

感染後2～6週間で、発熱、のどの痛み、頭痛、倦怠感などの風邪のような症状が出ることがあります（急性期）。

この症状は数週間でなくなり、その後、数年～10年ほど無症状が続きます。長期間発症しなくても体内ではHIVの増殖が進行し、免疫力は低下していきます。

発熱、倦怠感、食欲不振、急激な体重減少、下痢、発疹などの症状が現れますが、発症する合併症によって症状は異なります。厚生労働省が定めた23の合併症のいずれかを発症したときに、エイズ（AIDS）と診断されます（次ページ参照）。

HIVは、生きた細胞の中でしか増殖することができません。一度体内に入ったHIVを完全に排出することは困難ですが、適切な治療により、エイズの発症を抑えることができます。

▼厚生労働省が定めるエイズ発症の基準となる 23 の合併症

1	カンジダ症（食道、気管、気管支、肺）
2	クリプトコッカス症（肺以外）
3	ニューモシスチス肺炎
4	コクシジオイデス症
5	ヒストプラズマ症
6	クリプトスポリジウム症
7	トキソプラズマ脳症（生後 1 か月以後）
8	イソスポラ症（1 か月以上続く下痢を伴ったもの）
9	非結核性抗酸菌症
10	化膿性細菌感染症
11	活動性結核（肺結核または肺外結核）
12	サルモネラ菌血症（再発を繰り返すものでチフス菌によるものを除く）
13	サイトメガロウイルス感染症
14	単純ヘルペスウイルス感染症
15	進行性多巣性白質脳症
16	カポジ肉腫
17	原発性脳リンパ腫
18	非ホジキンリンパ腫
19	浸潤性子宮頸がん
20	反復性肺炎
21	リンパ性間質性肺炎／肺リンパ過形成
22	HIV 脳症（痴呆または亜急性脳炎）
23	HIV 消耗症候群（全身衰弱またはスリム病）

▼ HIV 感染症の経過

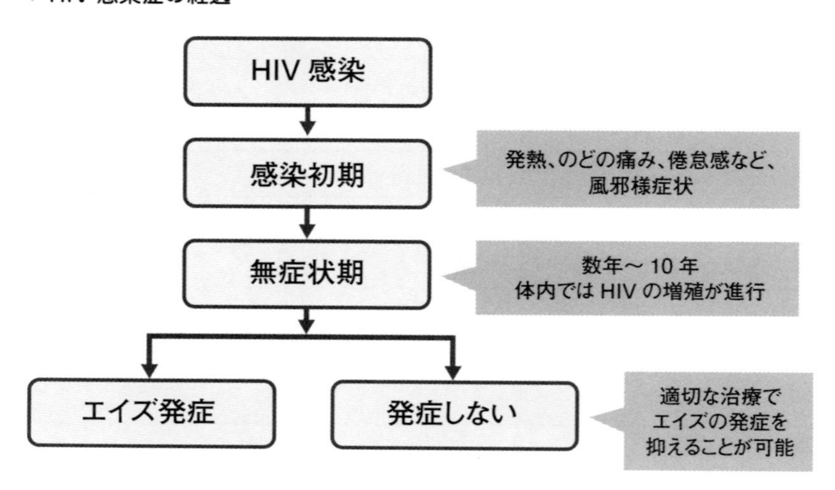

検査

急性期には何らかの症状が現れますが、インフルエンザや風邪の症状に似ているため、HIV 感染に気づくことが遅れてしまいがちです。エイズを発症してから治療を開始するのでは、治療の効果が望めません。エイズ発症前の無症状の時期に HIV 感染を知り、早期治療を開始することが大切です。

感染の有無を確認するためには、特定の医療機関または、保健所などで検査を受けます。多くの施設では、無料、匿名で検査が行われ、プライバシーは守られています。

検査は、スクリーニング検査と確認検査の 2 段階で行われます。最初に行われるスクリーニング検査では、本当は感染していないのに、陽性という結果が出てしまうことがあります（偽陽性）。そのため、次の確認検査によって、本当に感染しているのかを再確認します。最近は、本人が自宅で採血して検査機関に郵送するなど、新しい検査も出ていますが、あくまで、感染の可能性を調べるためのプレ検査であることを知っておく必要があります。

感染して 1 ～ 3 か月内は、感染していても、抗体検査では陰性となります。受診の時期については注意しましょう。

対応・治療

HIV の増殖を抑える、抗 HIV 療法を行います。HIV が減ることで免疫力が回復します。複数の抗 HIV 薬が処方されますので、決められた時間に正しく飲みます。飲み忘れが続いたりすると、HIV は薬の効かない耐性ウイルスとなってしまうことがあり、治療が困難になります。

また、医療費の自己負担が高額になる場合は、医療費の助成制度があります。

他のウイルス感染症対策と同様に、血液や体液にふれるときには注意が必要ですが、通常の日常生活で感染する可能性は低いので、過剰に心配する必要はありません。

▼エイズの治療

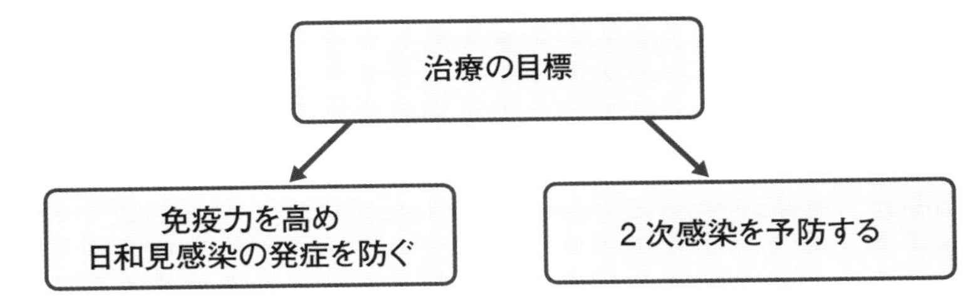

予後

現在、HIV に対する治療は著しく進歩し、十分に HIV の増殖を抑えることが可能となり、予後は飛躍的に改善しています。結果、エイズは「死の病」ではなく、コントロール可能な「慢性疾患」と考えられるようになりました。逆に、抗 HIV 薬の副作用や HIV に長期間感染していることによって起こる心臓や腎臓の障害、骨粗鬆症などの合併症が問題となっています。

感染を発見できれば、ほぼ確実に発症を予防できるようになってきていることからも、HIV 感染の早期発見がますます重要になっています。

予防

- HIVは、血液、精液、膣分泌液に含まれています。感染者の傷口や粘膜にふれるときには注意しましょう。
- 衣類の洗濯は通常通りで問題ありません。ただし、大量に血液、体液が付着した衣服やリネンを洗濯する場合は、塩素系の漂白剤で消毒してから、他のものと分けて洗います。
- カミソリ、歯ブラシは、血液が付着している可能性があるため、共有は避けます。
- 血液が付着した場合は流水で洗い流しましょう。

医療費を助成するしくみを知っておこう

HIV感染症の治療は長期間に及びます。治療を続けながら、自分らしい生活を継続させるために利用できる医療費制度を紹介します。

●高額療養費制度：所得に応じて決められている月の自己負担上限額を超えた場合、その超えた金額を支給する制度です。

●身体障害者手帳：検査データや症状により、免疫機能障害の1～4級として手帳の申請ができます。

●自立支援医療費（更生医療）：身体障害者手帳を取得すると、HIV感染に関する医療に係る医療費の自己負担を軽減できます。

●重度心身障害者医療費助成：保険診療内の自己負担を軽減できます。都道府県ごとに対象者の基準が異なります。

Appendix

巻末資料

感染対策チェックリスト

入所者の健康チェックなど

・チェックの方法：職種（　　　　　　　　　　）
　　　　　　　　　いつ（　　　　　　　　　　）
　　　　　　　　　項目（　　　　　　　　　　）
・記録用紙はあるか（有・無）
・記録の保存期間（　　年）
・有症状時の対応：報告ルート（　　　　　　　　　　）
　　　　　　　　　治療までのルート（　　　　　　　　　　）

排泄

・入所者は排泄後に手洗いをしているか（はい・いいえ）
　(1)石けんを使う（はい・いいえ）
　(2)消毒薬を使う（薬剤名：　　　）（はい・いいえ）
　(3)手ぬぐいは個人のものを使用する（はい・いいえ）
　(4)手ぬぐいはペーパータオルを使用する（はい・いいえ）

排泄介助

・オムツ交換車は使用していない（はい・いいえ）
　※交換車を使用している場合、消毒はしているか（はい・いいえ）
　消毒方法（　　　　）　使用薬剤名（　　　　）
　希釈濃度（　　　　）　消毒頻度（　　　　）
・オムツ交換時、介護職員は手袋を使用しているか（はい・いいえ）
・介護者は、1人ずつに手袋を替えてオムツを交換しているか（はい・いいえ）
・オムツ交換時の使用済みお尻拭きを入れる容器はあるか（はい・いいえ）
・交換時に使用済みのオムツを入れる用具などはあるか（はい・いいえ）
・オムツ交換に使用する用具などの消毒はしているか（はい・いいえ）
　消毒方法（　　　　）　使用薬剤名（　　　　）
　希釈濃度（　　　　）　消毒頻度（　　　　）
・汚染した着衣やシーツ、タオルは洗浄後、消毒しているか（はい・いいえ）

- 手洗い用設備に石けんと消毒液はあるか　（有・無）
- 手ぬぐいは使い捨てか　（はい・いいえ）
- ポータブルトイレの洗浄はしているか　（はい・いいえ）
  洗浄方法（　　　）　頻度（　　　）
- 便器・尿器はその都度洗浄・消毒しているか　（はい・いいえ）
- トイレは毎日掃除しているか　（はい・いいえ）
- トイレ掃除専用の手袋を使用しているか　（はい・いいえ）
- トイレの手すり、ドアノブなどの消毒はしているか　（はい・いいえ）

汚物処理

- 汚物・吐物の処理時には、マスク、手袋をしているか　（はい・いいえ）
- 汚物が付いた場所は、処理後の掃除、消毒をしているか　（はい・いいえ）
- 汚物処理後は手洗い、消毒をしているか　（はい・いいえ）
- 汚物処理室はあるか　（有・無）
- 汚物処理容器にフタはあるか　（有・無）

布団

- 布団の消毒はしているか　（はい・いいえ）
- 消毒方法（日光消毒・業者・その他：　　　）
- 消毒の間隔（　　　）
- 清潔な場所に保管しているか　（はい・いいえ）

洗濯

- 洗濯物は施設ですべてしているか（外注はないか）
  （はい・いいえ）
- 洗濯槽の消毒はしているか　（はい・いいえ）
  消毒方法（　　　）　使用薬剤名（　　　）
  希釈濃度（　　　）　消毒頻度（　　　）

食事

- 入所者は、食事、おやつ時に手洗いをしているか　（はい・いいえ）
  (1)石けんを使う　（はい・いいえ）
  (2)消毒薬を使う（薬剤名：　　　）（はい・いいえ）

(3)手ぬぐいは個人のものを使用する (はい・いいえ)
(4)手ぬぐいはペーパータオルを使用する (はい・いいえ)
・おやつ、食事の持ち込みを制限しているか (はい・いいえ)

食事介助

・介護者は、食事、おやつのたびに手洗いをしているか (はい・いいえ)
・介護者用の手洗い設備はあるか (有・無)
(1)石けんを使用しているか (はい・いいえ)
(2)消毒薬を使用しているか(薬剤名：)(はい・いいえ)
・介護者の手ぬぐいは使い捨てか (はい・いいえ)
・食事介助用のエプロンは、他のエプロンと区別して保管しているか (はい・いいえ)
・食事用テーブルは、使用時に清拭しているか (はい・いいえ)

入浴

・シャワー設備はあるか (有・無)
・浴槽の掃除の頻度は(回／日・週)
・毎日お湯を替えているか (はい・いいえ)
・浴槽は循環式か (はい・いいえ)
(1)湯の交換の頻度は(回／日・週)
(2)浴槽水の消毒をしているか (はい・いいえ)
(3)使用薬剤名( )
(4)薬剤投入間隔(時、 時、 時、)
(5)薬剤測定キットはあるか (有・無)
(6)測定結果は台帳に記載されているか (はい・いいえ)

給食

・保存食の原材料および調理済み食品を50gずつ、−20℃で2週間以上保存しているか (はい・いいえ)
・加熱調理食品の中心温度を確認し、記録しているか (はい・いいえ)
(腸管出血性大腸菌感染症などの細菌感染症については75℃・1分以上、ノロウイルス感染症については85℃・1分以上が目安)
・調理従事者は手指の洗浄・消毒および使い捨て手袋の適切な交換をしているか (はい・いいえ)

・手洗い設備には、石けん、爪ブラシ、ペーパータオル、消毒液などを設置しているか　(はい・いいえ)
・包丁、まな板などの器具は用途別・食品別に用意し、混同しないように使用しているか　(はい・いいえ)
・調理、点検従事者以外の厨房への立ち入りは原則禁止としているか　(はい・いいえ)
・やむをえず部外者が厨房に立ち入るときは、専用の帽子、外衣、履物の着用をしているか　(はい・いいえ)
・調理従事者の定期的な検便を実施しているか　(はい・いいえ)
　＊検査項目に病原性大腸菌(O-157など)はあるか　(有・無)

介護者

・毎朝、職員の健康チェック(発熱や下痢、手指の傷・化膿などの有無)を行っているか　(はい・いいえ)
・職員専用のトイレはあるか　(有・無)
・職員の更衣室はあるか　(有・無)
・職員のユニフォーム、エプロンなどは施設内で洗濯しているか　(はい・いいえ)
・職員に対して、感染対策などの研修を行っているか　(はい・いいえ)
　＊研修内容：　(　回／年)

感染管理

・施設内感染対策委員会があるか　(有・無)
・感染対策に関するマニュアルはあるか　(有・無)
　(1)マニュアルの内容
　　(手洗い、食事介助、オムツ交換、調理施設、入浴施設、消毒法、健康管理、その他[　])
　(2)マニュアルに感染症発生時の連絡体制(職員・市区町村・都道府県・保健所・入所者家族など)が明記されているか　(はい・いいえ)

「感染予防対策マニュアル」(産労総合研究所)より

保健所・都道府県・市区町村の関係部署への報告様式例

「○○苑」における△△△感染発生状況

区分	部屋	氏名（イニシャル）	性別	年齢	1	2	3	4	5	6	7	8	9	10	11
					月	火	水	木	金	土	日	月	火	水	木
入居	203	N.F	女	80										2	2
ショートステイ															
デイサービス															
職員															

施設に合わせて、階・棟ごとにまとめるなどの工夫をしてください。
職員欄も勤務の形に合わせて部署・職種などの区分をしてください。

12	13	14	15	16	17	18	19	20	21	22	23	24	25	26	27	28	29	30	31
金	土	日	月	火	水	木	金	土	日	月	火	水	木	金	土	日	月	火	水
2,6	1	1,6	1	1	1	2	2												

「感染予防対策マニュアル」（産労総合研究所）より改変

行政（保健所など）による感染症発生時の施設指導例

この指導内容は標準的なものであり、施設の特性や感染症の発生状況によって対応は変わります。また、発症者の対応については、主治医などと連携して行ってください。

（香川県健康福祉部作成）

感染性胃腸炎（ノロウイルスなど）

感染経路

経口感染（食品、水、感染者からの二次感染など）、飛沫感染も考えられている。

入浴

発症者は、症状がある期間は入浴を控えるか、個別入浴とし、最後に入浴する（浴槽にはつからず、シャワー、かけ湯などを行う）。症状回復後も1週間程度は、最後に入浴する。

食事

発症者は、症状がある期間は個別対応とする（個室など）。

外泊・外出

終結するまで、原則中止する。

面会

終結するまで、注意喚起の掲示、面会制限を行う。

短期入所などの受け入れ

終結するまで、受け入れは原則中止する。

施設内の区域管理

終結するまで、利用者・職員の動線に合わせ、清潔区域・汚染区域を管理する（職員更衣室・食堂などを含む）。

職員などの対応

発症者は、症状がある期間は出勤を控える（できれば症状回復後１日程度は様子を見る）。

発症者は、症状回復後１週間程度は、飲食物に直接接触する業務を控えることが望ましい。

併設事業所がある場合の併設事業所における対応

併設事業所の利用者、職員、使用設備などが発生施設と区別できない場合、併設事業所の利用者に発症者が出た場合などは、終結まで制限または中止する。

終結まで注意喚起・協力依頼を周知する。

終結

新たな発症者が出なくなり、１週間程度経過観察し、問題がなければ終結とする。

インフルエンザ

感染経路

飛沫感染（咳、くしゃみなど）、接触感染（鼻咽頭分泌物など）

入浴

発症者は、症状がある期間は入浴中止とする。

他の入所者は、終結までは可能な限り個別入浴とし、複数名の同時入浴は避ける。

行政（保健所など）による感染症発生時の施設指導例

食事

発症者は、解熱後 2 日経過するまで個別対応とする（個室など）

外泊・外出

終結するまで、原則中止する。

面会

終結するまで、注意喚起の掲示、面会制限を行う。

短期入所などの受け入れ

終結するまで、受け入れは原則中止する。

施設内の区域管理

終結するまで、利用者・職員の動線に合わせ、清潔区域・汚染区域を管理する（職員更衣室・食堂などを含む）。

職員などの対応

発症者は、解熱後 2 日経過するまでは出勤を控える。

併設事業所がある場合の併設事業所における対応

併設事業所の利用者、職員、使用設備などが発生施設と区別できない場合、併設事業所の利用者に発症者が出た場合などは、終結まで制限または中止する。

終結まで注意喚起・協力依頼を周知する。

終結

新たな発症者が出なくなり、1 週間程度経過観察し、問題がなければ終結とする。

腸管出血性大腸菌感染症

感染経路

経口感染（食品、水、感染者からの二次感染など）。少量の菌で感染する。

入浴

発症者は、症状がある期間は入浴を控えるか、個別入浴とし、最後に入浴する（浴槽にはつからず、シャワー、かけ湯などを行う）。

患者・無症状病原体保有者は、病原体を保有していないことを確認*するまでは、最後に入浴する。（*は感染症法に基づく規定）

食事

発症者は、症状がある期間は個別対応とする（個室など）。

外泊・外出

終結するまで、原則中止する。

面会

終結するまで、注意喚起の掲示、面会制限を行う。

短期入所などの受け入れ

終結するまで、受け入れは原則中止する。

施設内の区域管理

終結するまで、利用者・職員の動線に合わせ、清潔区域・汚染区域を管理する（職員更衣室・食堂などを含む）。

職員などの対応

発症者は、症状がある期間は出勤を控える（できれば病状回復後１日程度は様子を見る）。

行政（保健所など）による感染症発生時の施設指導例

患者・無症状病原体保有者は、就業制限が解除*されるまで、飲食物に直接接触する業務は禁止。（*は感染症法に基づく規定）

併設事業所がある場合の併設事業所における対応

併設事業所の利用者、職員、使用設備などが発生施設と区別できない場合、併設事業所の利用者に発症者が出た場合などは、終結まで制限または中止する。

終結まで注意喚起・協力依頼を周知する。

終結

患者・無症状病原体保有者が病原体を保有していないことを確認*できれば終結とする。（*は感染症法に基づく規定）

レジオネラ症

感染経路

空気感染・飛沫感染（ヒト—ヒト感染はない）。

入浴

浴室の利用を中止する（水質検査で陰性確認されるまで）。

短期入所などの受け入れ

浴室の利用は中止する（水質検査で陰性確認されるまで）。

併設事業所がある場合の併設事業所における対応

併設事業所の浴室の配管が発生施設と同一系統である場合、浴室の利用を中止する（水質検査で陰性確認されるまで）。

終結

施設環境の感染原因が否定できれば終結とする。

感染症発生時における報告の取り扱い

社会福祉施設などで感染症が発生した際の報告の取り扱いについては、厚生労働省健康局長、厚生労働省医薬食品局長、厚生労働省雇用均等・児童家庭局長、厚生労働省社会・援護局長、厚生労働省老健局長より通知が出されています。

社会福祉施設等における感染症等発生時に係る報告について（平成17年2月22日）

（健発第0222002号／薬食発第0222001号／雇児発第0222001号／社援発第0222002号／老発第0222001号）

1. 社会福祉施設等においては、職員が利用者の健康管理上、感染症や食中毒を疑ったときは、速やかに施設長に報告する体制を整えるとともに、施設長は必要な指示を行うこと。
2. 社会福祉施設等の医師及び看護職員は、感染症若しくは食中毒の発生又はそれが疑われる状況が生じたときは、施設内において速やかな対応を行わなければならないこと。
   また、社会福祉施設等の医師、看護職員その他の職員は、有症者の状態に応じ、協力病院を始めとする地域の医療機関等との連携を図るなど適切な措置を講ずること。
3. 社会福祉施設等においては、感染症若しくは食中毒の発生又はそれが疑われる状況が生じたときの有症者の状況やそれぞれに講じた措置等を記録すること。
4. 社会福祉施設等の施設長は、次のア、イ又はウの場合は、市町村等の社会福祉施設等主管部局に迅速に、感染症又は食中毒が疑われる者等の人数、症状、対応状況等を報告するとともに、併せて保健所に報告し、指示を求めるなどの措置を講ずること。

ア 同一の感染症若しくは食中毒による又はそれらによると疑われる死亡者又は重篤患者が1週間内に2名以上発生した場合

イ 同一の感染症若しくは食中毒の患者又はそれらが疑われる者が10名以上又は全利用者の半数以上発生した場合

ウ ア及びイに該当しない場合であっても、通常の発生動向を上回る感染症等の発生が疑われ、特に施設長が報告を必要と認めた場合

5. 4の報告を行った社会福祉施設等においては、その原因の究明に資するため、当該患者の診察医等と連携の上、血液、便、吐物等の検体を確保するよう努めること。

6. 4の報告を受けた保健所においては、必要に応じて感染症の予防及び感染症の患者に対する医療に関する法律（平成10年法律第114号。以下「感染症法」という。）第15条に基づく積極的疫学調査又は食品衛生法（昭和22年法律第233号）第58条に基づく調査若しくは感染症若しくは食中毒のまん延を防止するために必要な衛生上の指導を行うとともに、都道府県等を通じて、その結果を厚生労働省に報告すること。

7. 4の報告を受けた市町村等の社会福祉施設等主管部局と保健所は、当該社会福祉施設等に関する情報交換を行うこと。

8. 社会福祉施設等においては、日頃から、感染症又は食中毒の発生又はまん延を防止する観点から、職員の健康管理を徹底し、職員や来訪者の健康状態によっては利用者との接触を制限する等の措置を講ずるとともに、職員及び利用者に対して手洗いやうがいを励行するなど衛生教育の徹底を図ること。また、年1回以上、職員を対象として衛生管理に関する研修を行うこと。

9. なお、医師が、感染症法、結核予防法（昭和26年法律第96号）又は食品衛生法の届出基準に該当する患者又はその疑いのある者を診断した場合には、これらの法律に基づき保健所等への届出を行う必要があるので、留意すること。

感染症法における感染症の性格と主な対応・措置

一類感染症

　感染力、罹患した場合の重篤性などに基づく総合的な観点からみた危険性が極めて高い感染症。

主な対応・措置

- 原則入院
- 就業制限
- 消毒などの対物措置（例外的に建物の立ち入り制限・封鎖）
- 健康診断受診勧告

二類感染症

　感染力、罹患した場合の重篤性などに基づく総合的な観点からみた危険性が高い感染症。

主な対応・措置

- 状況に応じて入院
- 就業制限
- 消毒などの対物措置
- 健康診断受診勧告

三類感染症

　感染力、罹患した場合の重篤性などに基づく総合的な観点からみた危険性が高くはないが、特定の職業への就業によって感染症の集団発生を起こし得る感染症。

主な対応・措置

- 就業制限
- 消毒などの対物措置
- 健康診断受診勧告

四類感染症

動物、飲食物などを介して人に感染し、国民の健康に影響を与えるおそれがある感染症媒介動物の輸入規制、消毒、蚊・ネズミなどの駆除、物件にかかわる措置が必要なもの（政令で定めるもの）。

主な対応・措置

- 消毒などの対物措置
- 物件の廃棄措置
- 動物の輸入規制

五類感染症

感染症の発生動向調査から、その結果に基づいて必要な情報を国民、医療従事者に情報提供・公開していくことによって、発生、まん延を防止する感染症（厚生労働省令で定めるもの）。

主な対応・措置

- 感染症の動向調査
- 結果の分析、情報公開
- 情報の提供

新型インフルエンザ等感染症

新型インフルエンザ（新たに人から人に伝染する能力を有することとなったウイルスを病原体とするもの）、再興型インフルエンザ（かつて世界的規模で流行したインフルエンザであって、その後流行することなく長時間が経

過しているとして厚生労働大臣が定めるものが再興したもの)

主な対応・措置

・二類感染症の鳥インフルエンザに準じる
・外出自粛の要請

指定感染症

すでに知られている感染性の疾病（一類～三類感染症を除く）であって、国民の生命および健康に重大な影響を与えるおそれのあるもの（既知の感染症)。

主な対応・措置

・厚生労働大臣が公衆衛生審議会の意見を聞いたうえで、一～三類感染症に準じた入院対応や消毒などの対物措置

新感染症

人から人に伝染すると認められる疾病であって、すでに知られている感染性の疾病とその病状または治療の結果が明らかに異なるもので、当該疾病にかかった場合の病状の程度が重篤であり、かつ、当該疾病のまん延により国民の生命および健康に重大な影響を与えるおそれがあると認められるものをいう。

主な対応・措置

都道府県知事が厚生労働大臣の技術的指導・助言を得て個別に応急処置する。政令で症状などの要件を指定した後に一類感染症に準じた対応を行う。

新型コロナウイルス感染症について

感染症法では、感染症について感染力や感染した場合の重篤性などを総合的に勘案し、一～五類などに分類し、感染拡大を防止するために行政が講ずることができる対策を定めています。

新型コロナウイルス感染症は、「新型インフルエンザ等感染症（いわゆる二類相当）」と位置付けられていましたが、2023年5月8日から「五類感染症」になりました。法律に基づき行政がさまざまな要請・関与をしていく仕組みから、個人の選択を尊重し、国民の自主的な取り組みをベースとした対応に変わりました。

変更ポイント

- 政府が一律に日常における基本的感染対策を求めることはありません。
- 感染症法に基づく、新型コロナ陽性者および濃厚接触者の外出自粛の必要はありません。
- 二類相当のときには限られた医療機関でのみ受診可能でしたが、五類移行後は幅広い医療機関において受診が可能になります。
- 医療費などでは健康保険が適用され、1割から3割の自己負担が基本となりますが、一定期間は公費支援が継続されます。

基本的感染対策の考え方

- マスクの着用
- 手洗いなどの手指衛生
- 換気

※高齢者など重症化リスクの高い方は、換気の悪い場所や、不特定多数の人がいるような混雑した場所、近接した会話を避けることが感染防止対策として有効（避けられない場合はマスク着用が有効）。

消毒法について

消毒とは、病原微生物を殺すか、または病原微生物の能力を感染を起こさないレベルまで減退させることです。すべての微生物を殺すことではありません。消毒の方法には、熱で処理する方法（煮沸、熱水）と消毒薬による方法があります。

おもな消毒法の種類と作用時間

生体への影響を考慮すると、最適な消毒法は熱消毒です。熱が利用できないときは消毒薬を用います。

熱消毒法

- 流通蒸気法
  100℃の中で30分加熱します。
- 煮沸法
  沸騰水（100℃）の中で15分以上煮沸します。器具として、シンメルブッシュ煮沸消毒器があります。
- 間欠法
  80～100℃の熱水、または水蒸気の中で、1日1回30～60分間ずつ、3～6回加熱を繰り返します。加熱していないときは20℃以上で微生物の発育至適温度に維持します。
- 熱水消毒
  80℃ 10分間の処理で、芽胞以外の一般細菌、ウイルスを感染可能な水準以下に死滅、または不活化させます。ウォッシャーディスインフェクター（80～90℃・3～10分間）、熱水洗濯機（80℃・10分間）、食器洗浄器（洗浄+80℃リンス）などがあります。

消毒薬

- 洗浄法（スクラブ法）：30秒間
- 擦式法（ラビング法）：30秒間
- 清拭法（ワイピング法）：アルコール含浸綿
- 浸漬法：30分間

手指の消毒法

手指の消毒法には、以下の方法があります。

- 洗浄法（スクラブ法）
  消毒薬を約3mL手に取りよく泡立てながら洗浄します（30秒以上）。さらに流水で洗い、ペーパータオルで拭き取ります。
- 擦式法（ラビング法）
  アルコール含有消毒薬を約3mL、手に取りよく擦り込み（30秒以上）、乾かします。ラビング法は手が汚れているときには無効です。石けんと流水でよく手洗いした後に行ってください。
- 清拭法（ワイピング法）ゲル・ジェルによるもの
  アルコール含有のゲル・ジェル消毒薬約2mLを手に取り、よく擦り込み（30秒以上）、乾かす方法です。
- 清拭法（ワイピング法）
  アルコール含浸綿で拭き取る方法です。

対象物別消毒法

手指、排泄物・吐物、使用した用具・リネン、環境など、消毒する対象物の種類に応じて、最も適切な消毒法を選びましょう。

手指

- アルコール含有消毒薬：ラビング法（30秒間の擦式）
  ワイピング法（拭き取り法）
- スクラブ剤による洗浄（消毒薬による30秒間の洗浄と流水）

排泄物、吐物

- 排泄物や吐物で汚染された床は、手袋をして次亜塩素酸ナトリウムで清拭します。

差し込み便器(ベッドパン)

- 熱水消毒器（ベッドパンウォッシャー）で処理（90℃・1分間）します。
- 洗浄後、次亜塩素酸ナトリウムで処理（5分間）します。

リネン・衣類

- 熱水洗濯機（80℃・10分間）で処理し、洗浄後乾燥させます。

- 次亜塩素酸ナトリウムに浸漬後、洗濯、乾燥させます。

食器

- 自動食器洗浄器（80℃・10分間）
- 洗剤による洗浄と熱水処理で十分です。

まな板、ふきん

- 洗剤で十分洗い、熱水消毒します。
- 次亜塩素酸ナトリウムに浸漬後、洗浄します。

ドアノブ・便座

- 消毒用エタノールで清拭します。

浴槽

- 手袋を着用し、洗剤で洗い、温水（熱水）で流し、乾燥させます。

カーテン

- 一般に感染の危険性は低いので、洗濯することで十分です。
- 体液などが付着したときは、次亜塩素酸ナトリウムで清拭します。

体温計・血圧計・聴診器

- 消毒用エタノールで清拭します。

床

- 次亜塩素酸ナトリウムで清拭します。

ベッドサイドテーブル

- 消毒用エタノール、次亜塩素酸ナトリウム、塩化ベンザルコニウムで清拭します。

クレゾール石けん液は特有の臭いがあるだけでなく、下水道への排水が制限されているので、最近では、結核菌や排泄物の消毒以外には用いられなくなっています。廃棄するときには、危険物として業者に処理を依頼する必要があります。

感染症法における感染症の分類

感染症類型	疾病名	届出の要否		
		患者	疑似症	無症状病原体保有者
1	エボラ出血熱	○	○	○
1	クリミア・コンゴ出血熱	○	○	○
1	痘そう	○	○	○
1	南米出血熱	○	○	○
1	ペスト	○	○	○
1	マールブルグ病	○	○	○
1	ラッサ熱	○	○	○
2	急性灰白髄炎	○	×	○
2	結核	○	○	○
2	ジフテリア	○	×	○
2	重症急性呼吸器症候群（病原体がコロナウイルス属ＳＡＲＳコロナウイルスであるものに限る。）	○	○	○
2	中東呼吸器症候群（病原体がベータコロナウイルス属ＭＥＲＳコロナウイルスであるものに限る。）	○	○	○
2	鳥インフルエンザ（Ｈ５Ｎ１）	○	○	○
2	鳥インフルエンザ（Ｈ７Ｎ９）	○	○	○
3	コレラ	○	×	○
3	細菌性赤痢	○	×	○
3	腸管出血性大腸菌感染症	○	×	○
3	腸チフス	○	×	○
3	パラチフス	○	×	○
4	Ｅ型肝炎	○	×	○
4	ウエストナイル熱	○	×	○
4	Ａ型肝炎	○	×	○
4	エキノコックス症	○	×	○
4	エムポックス	○	×	○
4	黄熱	○	×	○
4	オウム病	○	×	○
4	オムスク出血熱	○	×	○

届出方法			法に基づく入院勧告の可否			就業制限通知の可否		
定点種別	時期	内容	患者	疑似症	無症状病原体保有者	患者	疑似症	無症状病原体保有者
(全数)	直ちに	a	○	○	○	○	○	○
(全数)	直ちに	a	○	○	○	○	○	○
(全数)	直ちに	a	○	○	○	○	○	○
(全数)	直ちに	a	○	○	○	○	○	○
(全数)	直ちに	a	○	○	○	○	○	○
(全数)	直ちに	a	○	○	○	○	○	○
(全数)	直ちに	a	○	○	○	○	○	○
(全数)	直ちに	a	○	×	×	○	×	○
(全数)	直ちに	a	○	○	×	○	○	×
(全数)	直ちに	a	○	×	×	○	×	○
(全数)	直ちに	a	○	○	×	○	○	○
(全数)	直ちに	a	○	○	×	○	○	○
(全数)	直ちに	a	○	○	×	○	○	○
(全数)	直ちに	a	○	○	×	○	○	○
(全数)	直ちに	a	×	×	×	○	×	○
(全数)	直ちに	a	×	×	×	○	×	○
(全数)	直ちに	a	×	×	×	○	×	○
(全数)	直ちに	a	×	×	×	○	×	○
(全数)	直ちに	a	×	×	×	○	×	○
(全数)	直ちに	a	×	×	×	×	×	×
(全数)	直ちに	a	×	×	×	×	×	×
(全数)	直ちに	a	×	×	×	×	×	×
(全数)	直ちに	a	×	×	×	×	×	×
(全数)	直ちに	a	×	×	×	×	×	×
(全数)	直ちに	a	×	×	×	×	×	×
(全数)	直ちに	a	×	×	×	×	×	×
(全数)	直ちに	a	×	×	×	×	×	×

感染症法における感染症の分類

感染症類型	疾病名	届出の要否		
		患者	疑似症	無症状病原体保有者
4	回帰熱	○	×	○
4	キャサヌル森林病	○	×	○
4	Ｑ熱	○	×	○
4	狂犬病	○	×	○
4	コクシジオイデス症	○	×	○
4	ジカウイルス感染症	○	×	○
4	重症熱性血小板減少症候群（病原体がフレボウイルス属ＳＦＴＳウイルスであるものに限る。）	○	×	○
4	腎症候性出血熱	○	×	○
4	西部ウマ脳炎	○	×	○
4	ダニ媒介脳炎	○	×	○
4	炭疽	○	×	○
4	チクングニア熱	○	×	○
4	つつが虫病	○	×	○
4	デング熱	○	×	○
4	東部ウマ脳炎	○	×	○
4	鳥インフルエンザ（鳥インフルエンザ（Ｈ５Ｎ１及びＨ７Ｎ９）を除く。）	○	×	○
4	ニパウイルス感染症	○	×	○
4	日本紅斑熱	○	×	○
4	日本脳炎	○	×	○
4	ハンタウイルス肺症候群	○	×	○
4	Ｂウイルス病	○	×	○
4	鼻疽	○	×	○
4	ブルセラ症	○	×	○
4	ベネズエラウマ脳炎	○	×	○
4	ヘンドラウイルス感染症	○	×	○
4	発しんチフス	○	×	○
4	ボツリヌス症	○	×	○
4	マラリア	○	×	○
4	野兎病	○	×	○
4	ライム病	○	×	○
4	リッサウイルス感染症	○	×	○
4	リフトバレー熱	○	×	○

届出方法			法に基づく入院勧告の可否			就業制限通知の可否		
定点種別	時期	内容	患者	疑似症	無症状病原体保有者	患者	疑似症	無症状病原体保有者
（全数）	直ちに	a	×	×	×	×	×	×
（全数）	直ちに	a	×	×	×	×	×	×
（全数）	直ちに	a	×	×	×	×	×	×
（全数）	直ちに	a	×	×	×	×	×	×
（全数）	直ちに	a	×	×	×	×	×	×
（全数）	直ちに	a	×	×	×	×	×	×
（全数）	直ちに	a	×	×	×	×	×	×
（全数）	直ちに	a	×	×	×	×	×	×
（全数）	直ちに	a	×	×	×	×	×	×
（全数）	直ちに	a	×	×	×	×	×	×
（全数）	直ちに	a	×	×	×	×	×	×
（全数）	直ちに	a	×	×	×	×	×	×
（全数）	直ちに	a	×	×	×	×	×	×
（全数）	直ちに	a	×	×	×	×	×	×
（全数）	直ちに	a	×	×	×	×	×	×
（全数）	直ちに	a	×	×	×	×	×	×
（全数）	直ちに	a	×	×	×	×	×	×
（全数）	直ちに	a	×	×	×	×	×	×
（全数）	直ちに	a	×	×	×	×	×	×
（全数）	直ちに	a	×	×	×	×	×	×
（全数）	直ちに	a	×	×	×	×	×	×
（全数）	直ちに	a	×	×	×	×	×	×
（全数）	直ちに	a	×	×	×	×	×	×
（全数）	直ちに	a	×	×	×	×	×	×
（全数）	直ちに	a	×	×	×	×	×	×
（全数）	直ちに	a	×	×	×	×	×	×
（全数）	直ちに	a	×	×	×	×	×	×
（全数）	直ちに	a	×	×	×	×	×	×
（全数）	直ちに	a	×	×	×	×	×	×
（全数）	直ちに	a	×	×	×	×	×	×
（全数）	直ちに	a	×	×	×	×	×	×
（全数）	直ちに	a	×	×	×	×	×	×

感染症法における感染症の分類

感染症類型	疾病名	届出の要否		
		患者	疑似症	無症状病原体保有者
4	類鼻疽	○	×	○
4	レジオネラ症	○	×	○
4	レプトスピラ症	○	×	○
4	ロッキー山紅斑熱	○	×	○
5	アメーバ赤痢	○	×	×
5	ＲＳウイルス感染症	○	×	×
5	咽頭結膜熱	○	×	×
5	インフルエンザ（鳥インフルエンザ及び新型インフルエンザ等感染症を除く。）	○	×	×
5	新型コロナウイルス感染症（病原体がベータコロナウイルス属のコロナウイルス（令和二年一月に中華人民共和国から世界保健機関に対して、人に伝染する能力を有することが新たに報告されたものに限る。）であるものに限る。）	○	×	×
5	ウイルス性肝炎（Ｅ型肝炎及びＡ型肝炎を除く。）	○	×	×
5	Ａ群溶血性レンサ球菌咽頭炎	○	×	×
5	カルバペネム耐性腸内細菌目細菌感染症	○	×	×
5	感染性胃腸炎	○	×	×
5	急性出血性結膜炎	○	×	×
5	急性弛緩性麻痺	○	×	×
5	急性脳炎（ウエストナイル脳炎、西部ウマ脳炎、ダニ媒介脳炎、東部ウマ脳炎、日本脳炎、ベネズエラウマ脳炎及びリフトバレー熱を除く。）	○	×	×
5	クラミジア肺炎（オウム病を除く。）	○	×	×
5	クリプトスポリジウム症	○	×	×
5	クロイツフェルト・ヤコブ病	○	×	×
5	劇症型溶血性レンサ球菌感染症	○	×	×
5	後天性免疫不全症候群	○	×	○
5	細菌性髄膜炎（侵襲性インフルエンザ菌感染症、侵襲性髄膜炎菌感染症及び侵襲性肺炎球菌感染症を除く。）	○	×	×
5	ジアルジア症	○	×	×
5	侵襲性インフルエンザ菌感染症	○	×	×
5	侵襲性髄膜炎菌感染症	○	×	×
5	侵襲性肺炎球菌感染症	○	×	×
5	水痘	○	×	×

届出方法			法に基づく入院勧告の可否			就業制限通知の可否		
定点種別	時期	内容	患者	疑似症	無症状病原体保有者	患者	疑似症	無症状病原体保有者
(全数)	直ちに	a	×	×	×	×	×	×
(全数)	直ちに	a	×	×	×	×	×	×
(全数)	直ちに	a	×	×	×	×	×	×
(全数)	直ちに	a	×	×	×	×	×	×
(全数)	7日以内	b1	×	×	×	×	×	×
小児科	次の月曜	c1	×	×	×	×	×	×
小児科	次の月曜	c1	×	×	×	×	×	×
インフル/COVID-19基幹(※1)	次の月曜	c1	×	×	×	×	×	×
インフル/COVID-19	次の月曜	c1	×	×	×	×	×	×
(全数)	7日以内	b1	×	×	×	×	×	×
小児科	次の月曜	c1	×	×	×	×	×	×
(全数)	7日以内	b1	×	×	×	×	×	×
小児科基幹(※2)	次の月曜	c1	×	×	×	×	×	×
眼科	次の月曜	c1	×	×	×	×	×	×
(全数)	7日以内	b1	×	×	×	×	×	×
(全数)	7日以内	b1	×	×	×	×	×	×
基幹	次の月曜	c2	×	×	×	×	×	×
(全数)	7日以内	b1	×	×	×	×	×	×
(全数)	7日以内	b1	×	×	×	×	×	×
(全数)	7日以内	b1	×	×	×	×	×	×
(全数)	7日以内	b2	×	×	×	×	×	×
基幹	次の月曜	c2	×	×	×	×	×	×
(全数)	7日以内	b1	×	×	×	×	×	×
(全数)	7日以内	b1	×	×	×	×	×	×
(全数)	直ちに	a	×	×	×	×	×	×
(全数)	7日以内	b1	×	×	×	×	×	×
小児科	次の月曜	c1	×	×	×	×	×	×

感染症法における感染症の分類

感染症類型	疾病名	届出の要否		
		患者	疑似症	無症状病原体保有者
5	水痘（入院例に限る。）	○	×	×
5	性器クラミジア感染症	○	×	×
5	性器ヘルペスウイルス感染症	○	×	×
5	尖圭コンジローマ	○	×	×
5	先天性風しん症候群	○	×	×
5	手足口病	○	×	×
5	伝染性紅斑	○	×	×
5	突発性発しん	○	×	×
5	梅毒	○	×	○
5	播種性クリプトコックス症	○	×	×
5	破傷風	○	×	×
5	バンコマイシン耐性黄色ブドウ球菌感染症	○	×	×
5	バンコマイシン耐性腸球菌感染症	○	×	×
5	百日咳	○	×	×
5	風しん	○	×	×
5	ペニシリン耐性肺炎球菌感染症	○	×	×
5	ヘルパンギーナ	○	×	×
5	マイコプラズマ肺炎	○	×	×
5	麻しん	○	×	×
5	無菌性髄膜炎	○	×	×
5	メチシリン耐性黄色ブドウ球菌感染症	○	×	×
5	薬剤耐性アシネトバクター感染症	○	×	×
5	薬剤耐性緑膿菌感染症	○	×	×
5	流行性角結膜炎	○	×	×
5	流行性耳下腺炎	○	×	×
5	淋菌感染症	○	×	×

（届出事項）a:　氏名、年齢、性別、職業、住所、所在地、病名、症状、診断方法、初診・診断・推定感染年月日、感染原因、感染経路、感染地域、診断した医師の住所及び氏名、その他、（保護者の住所氏名）

b1: 年齢、性別、病名、症状、診断方法、初診年月日、診断年月日、推定感染年月日、感染原因、感染経路、感染地域、診断した医師の住所及び氏名

b2: 年齢、性別、病名、症状、診断方法、初診年月日、診断年月日、推定感染年月日、感染原因、感染経路、感染地域、診断した医師の住所及び氏名、最近数年間の主な居住地、国籍

c1: 年齢、性別

c2: 年齢、性別、原因病原体の名称、検査方法

届出方法			法に基づく入院勧告の可否			就業制限通知の可否		
定点種別	時期	内容	患者	疑似症	無症状病原体保有者	患者	疑似症	無症状病原体保有者
(全数)	7日以内	b1	×	×	×	×	×	×
STD	翌月初日	c1	×	×	×	×	×	×
STD	翌月初日	c1	×	×	×	×	×	×
STD	翌月初日	c1	×	×	×	×	×	×
(全数)	7日以内	b1	×	×	×	×	×	×
小児科	次の月曜	c1	×	×	×	×	×	×
小児科	次の月曜	c1	×	×	×	×	×	×
小児科	次の月曜	c1	×	×	×	×	×	×
(全数)	7日以内	b1	×	×	×	×	×	×
(全数)	7日以内	b1	×	×	×	×	×	×
(全数)	7日以内	b1	×	×	×	×	×	×
(全数)	7日以内	b1	×	×	×	×	×	×
(全数)	7日以内	b1	×	×	×	×	×	×
(全数)	7日以内	b1	×	×	×	×	×	×
(全数)	直ちに	a	×	×	×	×	×	×
基幹	翌月初日	c2	×	×	×	×	×	×
小児科	次の月曜	c1	×	×	×	×	×	×
基幹	次の月曜	c2	×	×	×	×	×	×
(全数)	直ちに	a	×	×	×	×	×	×
基幹	次の月曜	c2	×	×	×	×	×	×
基幹	翌月初日	c2	×	×	×	×	×	×
(全数)	7日以内	b1	×	×	×	×	×	×
基幹	翌月初日	c2	×	×	×	×	×	×
眼科	次の月曜	c1	×	×	×	×	×	×
小児科	次の月曜	c1	×	×	×	×	×	×
STD	翌月初日	c1	×	×	×	×	×	×

※1 インフルエンザ（鳥インフルエンザ及び新型インフルエンザ等感染症を除く。）の基幹定点の届出については、届出対象は入院したもので、届出内容は入院時の対応を加える。
※2 感染性胃腸炎の基幹定点の届出については、届出対象は病原体がロタウイルスであるもので、届出内容は原因病原体の名称及び検査方法を加える。

厚生労働省資料より

索引

数字・アルファベット

0.1%ベンザルコニウム塩化物……106
A型肝炎……26,158
A型肝炎ウイルス(HAV)……158
B型肝炎……27,160
B型肝炎ウイルス(HBV)……160
B型肝炎ワクチン……40
CDC……28,38
C型肝炎……27,164
C型肝炎ウイルス(HCV)……164
E型肝炎……22
HIV感染症……27
MRSA……18,26,30
MRSA感染症……30
O-111……26,141
O-157……17,26,141
O-26……141

あ行

アウトブレイク……10
アクネ菌……18
アシクロビル……15
足白癬……20,139
アスペルギルス症……20
アズレンスルホン酸ナトリウム……52
アニサキス症……21
アメーバ性角膜炎……21
アメーバ赤痢……21
一類感染症……10
医療における清潔と不潔……71
胃ろう……98,109
インターフェロン……15
インフルエンザ……15,24,120
インフルエンザウイルス……120
インフルエンザワクチン……40
ウイルス……12,13,14
ウイルス感染症……14
うがいの方法……53
エアロゾル……25
エアロゾル感染……23,25
エイズ……27
エキノコックス症……22
エプロンの着用……62
塩化ベンザルコニウム……66
塩化ベンゼトニウム……66
黄色ブドウ球菌……18,30
嘔吐物の処理方法……69
オウム病……22
オセルタミビル……15
汚染区域……77,78
汚物の処理方法……70
オムツ交換……94

か行

疥癬……21,26,100,133
疥癬トンネル……134
角化型(ノルウェー)疥癬……100,133
喀痰吸引……106
隔離予防策のためのガイドライン……28
風邪症候群……24
カテーテルの洗浄方法……106
化膿性炎症……30

肝炎ウイルス……15
環境媒介……22
カンジダ- アルビカンス……19
カンジダ菌血症……19
カンジダ症……19
感染経路……23
感染症……8
感染症のおもな症状……9
感染症法……10
感染症法による治療費補助……129
感染対策委員会……74
義歯の洗浄……87
寄生虫……22
逆行性感染……111
丘疹……134
急性B型肝炎……160
急性感染……9
急性脳炎……141
狂犬病……22
菌交代現象……18
空気感染……23,25
クリプトコッカス症……20
グルコン酸クロルヘキシジン（クロルヘキシジン）……66
グルタラール……66
経管栄養……108
経気道感染……23
経口感染……23,26
経皮感染……27
血液感染……27
結核……25,128
結核菌……128
結節……134
原虫……12,21
高額療養費制度……172
抗菌性石けん……47
抗菌薬……18
口腔カンジダ症……18,19
口腔ケア……84
口腔レンサ球菌……18
抗生物質……18
後天性免疫不全症候群（AIDS）……167
誤嚥性肺炎……84,108
呼吸器親和性ウイルス……15
五類感染症……10
コレラ……26

さ行

細菌……12,13,17
擦式消毒用アルコール製剤……39,47,50
サルモネラ菌……17
サルモネラ症……22
三密……29
三類感染症……10
次亜塩素酸ナトリウム（ハロゲン化合物）……65
シーツ交換……79
子宮頸がん……15
舌ブラシ……86
湿式清掃……76
湿性物質……38
指定感染症……10
煮沸消毒……107
重症急性呼吸器症候群（SARS）……22
集団感染……10
重度心身障害者医療費助成……172
循環式浴場……100
常在細菌……17

消毒……63,64
消毒用エタノール(アルコール類)……65
除菌……63
褥瘡……99,112
食中毒……152
食道カンジダ症……19
しらくも……20
シラミ症……21
自立支援医療費(更生医療)……172
新型インフルエンザ等感染症……10
新型コロナウイルス(SARS-CoV-2)…123
新型コロナウイルス感染症……15,25,123
新感染症……10
真菌……12,19,139
真菌症……18
人獣共通感染症……21
身体障害者手帳……172
水痘ワクチン……40
髄膜炎……30
スタンダードプリコーション……28,38
スタンダードプリコーションにおける指針……39
ストーマ……114
性感染症……26
清潔区域……77,78
清拭タオル……79
咳エチケット……61
赤痢……26
赤痢アメーバ……21
接触感染……26
洗浄……63
ゾーニング……77

た行

大腸菌……18
体部白癬……20
多剤耐性ブドウ球菌感染症……18
多剤耐性緑膿菌……137
たむし……20
蓄尿バッグ……111
膣カンジダ症……19
腸管出血性大腸菌……17,141
腸管出血性大腸菌感染症……26,141
腸管親和性ウイルス……15
爪白癬……20
爪水虫……139
手洗いの方法……48
手袋のはずし方……57
手指アルコール消毒の手順……51
手指衛生のガイドライン……50
動物性食品媒介……22
動物由来感染症……21,26
頭部白癬……20
トキソプラズマ症……21
毒素型の食中毒(腸炎)……30
鳥インフルエンザ……22
トリコモナス……21

な行

日本脳炎……15,22,27
乳酸菌……18
尿路感染症……110
二類感染症……10
ノロウイルス……25,26,146

は行

肺アスペルギルス症……20
肺炎……30
肺炎球菌……125
肺炎球菌性感染症……125

肺外結核 128
敗血症 30
白癬 20,139
はしか 25
歯のブラッシング 85
非抗菌性石けん 47
微生物 12
ヒゼンダニ 21,133
ヒト免疫不全ウイルス(HIV) 167
皮膚糸状菌 20
飛沫核感染 25
飛沫感染 23,24
百日咳 24
病原真菌 19
病原性大腸菌 141
病原微生物 8
表皮ブドウ球菌 18
日和見感染症 18,30
風疹 15
風疹ワクチン 40
腹膜炎 30
プリオン 22
ブリストル便スケール 96
米国疾病対策センター 28,38
ベクター媒介 22
ペスト 22
ヘリコバクター・ピロリ菌 18
ヘルペス 18
ベロ毒素 141
膀胱炎 18
膀胱留置カテーテル 110
ポビドンヨード 52,65
ポリオ(急性灰白髄炎) 15
ポンティアック熱 131

ま行

麻疹 15,25
麻疹ワクチン 40
マスクの着け方 60
マスクのはずし方 61
マラリア 21,27
マラリア原虫 21
慢性B型肝炎 160
慢性感染 9
水虫 20,139
無症状病原体保有者 141
メチシリン耐性黄色ブドウ球菌 30
滅菌 63,64

や行

ヤコブ病 22
溶血性尿毒症症候群(HUS) 141
四類感染症 10

ら行

ラテックス 54
リネンの取り扱い 79
流行性耳下腺炎ワクチン 40
緑膿菌 137
緑膿菌感染症 18,137
レジオネラ菌 100,131
レジオネラ症 131
レジオネラ肺炎 131
レンサ球菌 18

参考文献

『高齢者介護施設における感染対策マニュアル』（厚生労働省／ 2005 年）

『高齢者介護施設における感染予防対策マニュアル』西原修造
（産労総合研究所／ 2007 年）

『新感染症の基礎知識』西原修造（筒井書房／ 2008 年）

『しあわせなら手を洗おう』森澤雄司監修（ヒポ・サイエンス出版／ 2010 年）

『介護職のための医学知識ガイドブック』大瀧厚子（関西看護出版／ 2010 年）

『介護職員基礎研修課程テキスト⑧高齢者・障害者等の疾病・障害等の理解』
（医療企画／ 2010 年）

『在宅介護者のための感染防止マニュアル』尾家重治監修
（メディカ出版／ 2011 年）

『ホームヘルパー 2 級課程テキスト⑥生活援助の方法』
（介護労働安定センター／ 2011 年）

『ホームヘルパー 2 級課程テキスト⑨障害・疾病の理解』
（介護労働安定センター／ 2011 年）

●監修者紹介

川越　正平（かわごえ　しょうへい）

1991年、東京医科歯科大学医学部卒業。虎の門病院血液科医員を経て、1999年医師3名のグループ診療の形態で、あおぞら診療所を開設。2004年より、あおぞら診療所院長。2022年から松戸市医師会長。

著書に、『医師アウトリーチから学ぶ 地域共生社会実現のための支援困難事例集』(2023、長寿社会開発センター)、『今日の治療指針（2018年版～、医学書院)』、『在宅医療バイブル第2版』(2018、日本医事新報社)、『介護職のための医療とのつきあいかた』(2016、メディカ出版)、『君はどんな医師になりたいのか』(2002、医学書院)、『初期プライマリケア研修』(1994、医学書院）など多数。

●編集協力

有限会社七七舎（ゆうげんがいしゃ　ななしゃ）

介護・福祉・保健関係に特化した編集プロダクション。1994年設立。高齢者福祉、障害者福祉分野の取材・調査研究事業などを手がける。他社出版物のほか、自社本をBricolageの名前で発行。

http://www.nanasha.net/

■カバーデザイン…………古屋 真樹（志岐デザイン事務所）
■カバーイラスト…………加藤 陽子
■本文イラスト……………くどうのぞみ

介護職スキルアップブック
手早く学べてしっかり身につく！
介護の感染対策

発行日　2023年　8月20日　第1版第1刷

監修者　川越　正平

発行者　斉藤　和邦
発行所　株式会社　秀和システム
〒135-0016
東京都江東区東陽2-4-2　新宮ビル2F
Tel 03-6264-3105（販売）Fax 03-6264-3094
印刷所　三松堂印刷株式会社　Printed in Japan

ISBN978-4-7980-6994-4 C3036

定価はカバーに表示してあります。
乱丁本・落丁本はお取りかえいたします。
本書に関するご質問については、ご質問の内容と住所、氏名、電話番号を明記のうえ、当社編集部宛FAXまたは書面にてお送りください。お電話によるご質問は受け付けておりませんのであらかじめご了承ください。